La cristología de san Ignacio de Loyola
según el P. Hugo Rahner, S.J.

Jaime Bertodano

LA CRISTOLOGÍA
DE SAN IGNACIO DE LOYOLA
SEGÚN EL P. HUGO RAHNER, S.J.

Edición de
PABLO CERVERA BARRANCO

FUNDACIÓN UNIVERSITARIA ESPAÑOLA

Publicación
de la
FUNDACIÓN
UNIVERSITARIA
ESPAÑOLA

Colección "Teología" – 2

FUNDACIÓN UNIVERSITARIA ESPAÑOLA
Alcalá, 93. (28009 MADRID)
Tf: 91 431 11 93 – 91 431 11 22
Fax: 91 576 73 52 e-mail: fuesp@fuesp.com

ISBN: 978-84-19672-19-3
Depósito Legal: M-1531-2024

ÍNDICE

AGRADECIMIENTOS

DOY LAS GRACIAS, en primer lugar, al director del presente trabajo, Mons. Juan Antonio Martínez Camino, que me descubrió la figura del P. Hugo Rahner y que generosamente me dedicó su tiempo y atención en la elaboración de la tesis. Extiendo también mi agradecimiento a aquellos que con su sabio consejo me han iluminado en la redacción de este trabajo, especialmente al P. Luis M.ª Mendizábal (alumno de los hermanos Rahner en Innsbruck) y a D. Pablo Cervera Barranco, cuya ayuda ha sido inestimable en la redacción y publicación de esta obra. Agradezco el apoyo, sobre todo, de mis padres, y su colaboración en la labor de corrección y traducción de los textos, así como la colaboración de D. Jaime Pérez-Boccherini. Agradezco, en fin, la paternidad del que fue mi obispo, D. Joaquín M.ª López de Andújar, y de su auxiliar, D. Rafael Zornoza, así como la compañía de todos mis amigos sacerdotes. Hago mías las palabras de Ricardo García-Villoslada en la dedicatoria de su magna obra sobre el santo de Loyola: «a mi Santo Padre Ignacio de Loyola. Con humildad y amor, con veneración y... con pasmo.»

PRÓLOGO

ME ALEGRO MUCHO de que este excelente trabajo de Jaime Bertodano vea ahora la luz pública como libro. Lo he vuelto a leer para escribir este prólogo y me ha parecido todavía más interesante que hace quince años. Entonces fue presentado en la Facultad de Teología de San Dámaso como tesis de licenciatura, propuesta y acompañada por un servidor. Hoy puede prestar un gran servicio a quienes desean vivir, con Cristo, la misión evangelizadora de la Iglesia en tiempos difíciles como estos, por los que pasamos.

Es un trabajo sobre cómo san Ignacio de Loyola concibe la obra y la persona de Cristo. El de Loyola es, sin duda, uno de los grandes santos en el que Jesucristo se ha hecho de nuevo presente en la Iglesia de los últimos siglos. Con todo, el tema de este libro podría parecer demasiado particular, interesante solo para quienes se ocupan de la historia de la espiritualidad ignaciana, pero menos relevante para entender cómo han de afrontarse la vida del cristiano y la misión de la Iglesia en el mundo de hoy. El lector atento comprenderá con facilidad que no es así. Pero me permitirá adelantarle, en tres pequeños pasos, por qué tampoco me lo parece a mí.

En primer lugar, por una razón biográfica, que no deja de ser subjetiva, pero que tiene el humilde valor de un testimonio personal. En junio de 1987, a los siete meses de haber vuelto a España, después de seis años de estudio en Frankfurt, leí el precioso libro de Hugo Rahner titulado *Ignacio de Loyola y la génesis histórica de su espiritualidad* (1947). Había traído un viejo ejemplar, de la segunda edición, de 1949, heredado de un querido compañero jesuita alemán, fallecido poco antes. Me lo llevé al monasterio de Silos, como lectura de «vidas de santos» para los Ejercicios espirituales de aquel verano. Los vientos que entonces soplaban para mí no eran suaves. Me había tocado pasar de la investigación doctoral a la docencia universitaria de modo un tanto abrupto; y, sobre todo, afrontar y sufrir decisiones difíciles a causa de mi cargo de rector del teologado, oficio complicado y también nuevo. Era un momento de discernir y ajustar mi situación en la Iglesia. Aquella lectura de Hugo Rahner –la primera que hacía de él– literalmente me entusiasmó, es decir, me ayudó a dejarme llenar del buen Espíritu de Dios y a animarme a seguir más de cerca al Señor en su Iglesia, tan invisible y santa como visible y mundanal.

El segundo paso que me permite aventurar que el lector de este libro encontrará en él un alimento espiritual que lo ayudará a situarse bien en el momento actual de la Iglesia se refiere al tipo de teología del que da cuenta. Recuerdo la reflexión a este respecto que me hice también ya en 1987. Entonces venía de trabajar durante años las obras de W. Pannenberg y E. Jüngel. Sobre ellas escribí mi tesis doctoral, que me supuso un notable esfuerzo. Es cierto que de aquellos autores aprendí mucho sobre el significado de la revelación de Dios en Jesucristo. Pero necesitaba integrar mejor su arduo y a veces algo árido discurso teológico en mi experiencia vocacional personal. El libro de Hugo Rahner sobre la génesis de la espiritualidad de san Ignacio me ayudó muchísimo a realizar esa integración. Por un lado, la experiencia del encuentro con Cristo en los Ejercicios espirituales formaba también parte de mi trayectoria vital. Pero además, por otra parte, en el libro del padre Rahner encontré un ejercicio ejemplar de integración de teología y espiritualidad, es decir, de ese tipo de teología que él mismo llama *theologia cordis*: un trabajo teológico que se alimenta tanto del estudio de los escritos sobre el Revelador, desde la misma Escritura santa hasta la teología más reciente, pasando por los Padres de la Iglesia, como del encuentro personal con Él en los sacramentos, en la oración y en la vida militantemente cristiana. Hugo Rahner, como bien observa Jaime Bertodano, hace este tipo de teología, a la que von Balthasar llama «teología arrodillada». ¡Qué bien nos viene esta teología, tan distinta de la meramente escolar y de los papeles de la burocracia eclesiástica!

En tercer lugar, es un aspecto central del contenido mismo de la cristología ignaciana, tan bien puesto de relieve por Hugo Rahner, el que ayudará mucho al lector católico de estos tiempos revueltos. Me refiero a su idea de que seguir hoy a Cristo, ser cristiano de verdad, es tomar parte con él en su combate y su victoria contra el «padre de la mentira», contra Satanás, para lo cual es necesario entender y emplear bien esa arma magnífica, bien bruñida en la escuela de san Ignacio, que se llama «discernimiento de espíritus».

En efecto, uno de los problemas de nuestro tiempo es lo que podríamos llamar el irenismo pastoral. Como si ser cristiano no fuera un continuo combate espiritual, se pretende vivir en paz con el mundo y en el mundo, sin la necesaria distinción entre el mundo como creación buena de Dios y el mundo como reino del enemigo de Dios y de los hombres. No se habla casi nunca de aquel ineludible combate ni se ejercita a los cristianos para afrontarlo; por el contrario, se presenta la vida cristiana como si de una amable tertulia se tratara, para orientarse según los «signos de los tiempos», entendiendo por ellos simplemente las últimas modas y las ideologías dominantes. Aprender de «la realidad» aparece así como la preocupación principal de pastores y fieles que intentan no aparecer como «obstáculos para el progreso» de la Humanidad. De este modo, se le facilita completamente el trabajo al padre de la mentira, el rey de este mundo, aparente, es cierto, pero terriblemente seductor.

En cambio, el verdadero Rey, el vencedor del pecado y de la muerte, es aquel a quien san Ignacio presenta ante todo como el «Dios crucificado». El cristiano verdadero es el que se decide a tomar parte en su combate bajo la bandera de la cruz, para poder participar también con él de su gloria. La cruz y la gloria, lo mínimo y lo máximo, son los lugares de manifestación del verdadero poder divino: *Non coherceri maximo, contineri autem a minimo divinum est.* Es el famoso literario elogio sepulcral de san Ignacio que Hugo Rahner estudió con detalle y tomó como clave de interpretación de la teología del santo de Loyola.

Pero el seguimiento de Cristo, en su combate contra Satanás, solo acontece de verdad en la obediencia a la Iglesia. Nos lo han mostrado esas grandes figuras que Hugo Rahner llama «los hombres de Iglesia», entre los cuales da un puesto muy relevante a san Ignacio. Ellos han acogido el don de la obediente identificación con Cristo, en un sentir bien discernido con la Iglesia. Son los auténticos y permanentes reformadores de esta, porque en ellos el Señor y cabeza de la Iglesia vence al mundo, que la tiene siempre medio invadida. Sí, es «la santa madre Iglesia jerárquica», expresión ignaciana que remite al Crucificado, presente en su Cuerpo místico, en la gran Tradición viva, alma que da vida a la historia humana gracias a los sacramentos y a los santos.

Ojalá recuperemos a Hugo Rahner. Mil gracias al autor y editores de este libro, que nos lo acerca de modo tan inteligente y sintético.

JUAN ANTONIO MARTÍNEZ CAMINO SJ
Obispo auxiliar de Madrid

Siglas y abreviaturas

Abreviaturas tipográficas

AA. VV.	Autores varios
Cap.	Capítulo
Cf.	Confrontar
Cit.	Cita/s / citado/a
Ed.	Edición/ Editorial
Ibid.	*Ibidem* / «en el mismo lugar»
n./nn.	Número/ números
O.c.	Obra citada
p./ pp.	Página/s
SI/SJ/	*Societatis Iesu* / de la Sociedad [Compañía] de Jesús
S./ss.	Siguiente/s
vol./vols.	Volumen/es.

Siglas de documentos y publicaciones

AAW	*Anzeiger für die Altertumswissenschaften,* Innsbruck 1, 1948ss.
AHSI	*Archivum Historicum Societatis Iesu,* Roma 1,1932-17/33-34, 1948ss.

BAC	Biblioteca de Autores Cristianos, Madrid.
CIS	Centrum Ignatianum Spiritualitatis, Roma.
CSEL	Corpus Scriptorum ecclesiasticorum latinorum, Viena, 1866ss.
DDB	Descleé de Brouwer.
EE	Ejercicios Espirituales, San Ignacio de Loyola.
EstEcl	Estudios Eclesiásticos, Madrid, 1922ss.
ErJb	Eranos-Jahrbuch, Zürich 1933-1942; 10,1943-38,1969
DH	DENZINGER, H. J. D. – P. HÜNERMANN, *El Magisterio de la Iglesia. Enchiridion symbolorum definitiorum et declaratiorum de rebus fidei et morum* (Herder, Barcelona, 1999).
GlDei	*Gloria Dei,* Graz 1, 1946-1947-9, 1954.
GuL	*Geist und Leben. Zeitschrift für Aszetik und Mystik,* Würzburg 20, 1947ss. ZAM.
GrEnt	*Der Große Entschluß. Monatschrift für Aktives Christentum,* Viena 1, 1945/1946-24,1968/1969; 12, 1999.
Manr	*Manresa,* Madrid 1, 1925ss.
KCC	*Korrespondenzblatt des Collegium Canisianum,* Innsbruck 1, 1866-72, 1938. 73, 1939-75, 1941ss.
Orien	*Orientierung. Katholische Blätter für Weltanschauliche Informationen,* Zürich 11, 1947ss.
PL	MIGNE, *Patrologiae Latinae cursus completus,* París, 1854ss.
SCh	Sources Chrétiennes, París 1, 1941ss.
STh	SANTO TOMÁS DE AQUINO, *Summa Theologiae,* 5 vol. (BAC, Madrid, 2002).
StZ	*Stimmen der Zeit,* Friburgo, 1914ss.

WuW	*Wort und Wahrheit. Zeitschrift für Religion und Kultur*, Viena 1, 1946-28, 1973.
ZAM	*Zeitschrift für Aszetik und Mystik*, Innsbruck 1,1925/1926-19/68, 1994. GuL.
ZKTh	*Zeitschrift für Katholische Theologie*, Innsbruck-Viena 1, 1871-67. 1-2, 1943.69.1947.

Siglas de la colección MHSI

MHSI	*Monumenta Historica Societatis Iesu.* Gran colección de todas las fuentes de la historia de la Compañía de Jesús, aparecida entre Madrid y Roma, desde 1894 hasta la fecha. Compuesta por 157 tomos (2013).
MI	*Monumenta Ignaciana.* Series de tomos de la MHSI que contienen los escritos originales de san Ignacio.
MI I	MI, series I: 12 tomos con las cartas de san Ignacio.
MI II	MI, series II: 2 tomos. Texto crítico del libro de los Ejercicios Espirituales y de sus comentarios más antiguos.
MI III	MI, series III: 4 tomos. Texto crítico de las *Constituciones* de la Compañía de Jesús con los documentos previos
MI IV	MI, *Scripta de S. Ignatio,* 1 tomo.
FN	*Fontes Narrativi de S. Ignatio de Loyola et de Societatis Iesu initiis,* 4 tomos.
MNad	*Monumenta Natalis,* 6 tomos.
ChronPol	*Vita Ignatii et rerum Societatis Iesu Chronicon (Polancii),* 6 tomos.

INTRODUCCIÓN

1. Justificación del tema

1.1. Teología y cristología de San Ignacio

LA TEOLOGÍA DOGMÁTICA es «la exposición científica, en interrelación orgánica y unidad sistemática, de las verdades y realidades salvíficas sobrenaturales contenidas en la revelación» [Bartmann, 1929].

Ahora bien, es precisamente en esos hechos salvíficos, en ese hablar de Dios, «en hechos y palabras intrínsecamente unidos»[1], donde se da la «Revelación», que al ser un hablar a hombres, está forzosamente unida al espacio y al tiempo, es decir, es histórica.

Esta revelación, como dice el Concilio Vaticano II, se nos esclarece en Cristo. Él es el culmen de la Revelación, y por eso, verle a Él es ver al Padre [Jn 5,36; 17,4]. Pero a esta misma revelación transmitida fielmente por los apóstoles, prosigue el Concilio, debe prestársele obediencia de fe.

---

[1] «Haec revelationis oeconomia fit gestis verbisque intrinsece inter se conexis» [1983: 125].

De este modo, se entiende que el quehacer teológico ha de partir como principio fundamental del misterio de Cristo y de la adhesión a su persona por parte del sujeto que quiera hacer teología, y por tanto no de ser una mera reflexión especulativa.

El *intellectus* que estudia, que reflexiona científicamente los misterios de la fe, en cuanto saber, no se contrapone a la *fides*, como un conocimiento propio que se hallara al margen de la misma fe. Ambos, *fides* e *intellectus* se complementan y postulan mutuamente para formar la unidad orgánica del saber comunicado por Dios acerca de las verdades reveladas por Él [Scheeben, 1957: 824].

Desde este presupuesto nos adentramos en el estudio de la Cristología de san Ignacio.

Este trabajo no es una teología a propósito de san Ignacio. La importancia del libro de los Ejercicios Espirituales fue puesta de relieve de manera especial por la encíclica *Mens Nostra* de Pío XI, en 1929. Muchos son los teólogos, hijos espirituales de la Compañía de Jesús, que han construido su teología bajo la *forma mentis* de los Ejercicios y de la espiritualidad ignaciana. Más recientemente, todavía recibimos el influjo teológico de grandes teólogos del siglo xx: Henri de Lubac, H. Urs von Balthasar, Karl Rahner, Jean Daniélou, etc., todos ellos formados en la escuela de los Ejercicios Espirituales y en el espíritu de la Compañía, formación que ha dejado un sello notable en sus obras y quehacer teológico.

Una teología directamente a propósito de san Ignacio o de los Ejercicios Espirituales es la famosa obra de Erich Przywara, *Deus Semper Maior* [Rahner, 1940: 171-173]. La obra ignaciana del P. Hugo Rahner no es un estudio teológico a propósito de la espiritualidad, de la obra o de la vida de san Ignacio de Loyola.

Por otro lado, tampoco se trata en este trabajo de un estudio de las fuentes teológicas en las que se basó san Ignacio. No se trata de la teología que el santo hizo suya para exponer su doctrina, es decir, de la teología que se enseñaba en la Sorbona y que el de Loyola aprendería. No es un estudio del momento histórico-teológico en que vivió san Ignacio. Este enfoque ha sido estudiado ya, especialmente por los biógrafos del santo. También Cándido Pozo ha analizado este punto, viendo la formación teológica personal de Ignacio y su posterior legislación, así como las decisiones de gobierno, y cómo influyó san Ignacio en la teología de la Compañía de Jesús [Pozo, 1990: 5-47].

Partimos del hecho de que san Ignacio estudió la teología. San Ignacio, es verdad, obtuvo el título de maestro en Artes por la Universidad de París en 1535. Se conserva el título expedido por el secretario de la universidad, donde se señala que ha obtenido el «Magisterio en Artes», lo que hoy entenderíamos por maestro en filosofía [MHSI 115, 396-397].

Posteriormente al estudio de las artes estudió teología en París y Venecia, aunque sin llegar a obtener el título de maestro. Podemos afirmar, por tanto, que era teólogo. Quizás no de la altura intelectual de algunos de sus primeros compañeros de París, como Laínez o Salmerón, también maestros de la Sorbona y posteriormente teólogos del Concilio de Trento, pero era teólogo. De hecho, este grupo de «amigos en el Señor»[2] asombraron al Papa por su doctrina teológica, quien gustaba de escucharlos disputar teológicamente mientras comía.

Son muchos los testimonios, también de maestros y doctores, que expresan la profundidad teológica del santo y la

---

[2] Denominación que san Ignacio y sus primeros compañeros se daban a sí mismos antes de la fundación de la Compañía de Jesús.

impresión que su síntesis teológica producía en ellos. Martial Mazurier, un conocido doctor de la Sorbona, que coincidió con Ignacio durante los años de estudio en París (1528-1535), dijo de él que nunca había oído a un hombre hablar de materias teológicas con tanta fuerza y maestría[3].

El doctor Pedro Ortiz, teólogo cercano a Carlos V y a la corte, tras hacer los Ejercicios Espirituales con Ignacio de Loyola, decía que había descubierto en él y en los Ejercicios una «nueva teología» [AHSI 25, 437-454].

Además, toda su experiencia mística que se traducía en los Ejercicios Espirituales, pasaba por un examen teológico que realizaba él mismo o sus compañeros. Así lo atestiguaba el P. Nadal: «Ignacio se sirvió también de otros libros y tuvo presente una visión global de toda la teología. Libros, teólogos y Escritura le sirvieron de punto de apoyo en su intento de dar expresión a todo lo que él había aprendido por la ilustración espiritual propia» [ChronPoll III, 529ss].

Así pues, Ignacio de Loyola tiene el título de «Maestro en Artes», y estudió la teología. Pero, sobre todo, y es lo que más nos interesa, tiene un concepto de Cristo, un pensamiento sobre Cristo. Pensamiento que luego contrasta con la teología. Y, a todo esto, se suma su alta mística que le da un conocimiento nuevo de la vida y de los misterios de la fe. Este punto es el que ha investigado y puesto de relieve el P. Rahner.

San Ignacio no fue alguien ignorante en su tiempo. En este sentido, no se trataría de poner de relieve aquí solo la teología de un autor espiritual que haya entendido los más grandes misterios revelados, pese a su ignorancia religiosa o

---

[3] FN II, 198; MNad. V, 282; FN I, 181: el mismo Dr. Mazurier dice que no se necesitan dudas para nombrar a Ignacio Doctor en teología [Schurhammer, 1992: 307; Lécrivain, 2018].

desconocimiento de las verdades teológicas o de la sacra doctrina y tradición. Existe, en este sentido, una teología en los santos o mejor dicho, solo los Santos hacen verdadera teología, una verdadera confesión de fe y explicación de los misterios que esta encierra en sus propias vidas, por la gracia del Espíritu Santo que vivifica en ellos estos misterios. Sería importante recuperar este aspecto del quehacer teológico que siempre se daba por hecho en los Santos Padres y los doctores medievales. A este punto se refiere Von Balthasar [1964: 235ss] cuando habla de la «teología arrodillada».

San Ignacio de Loyola estudió la teología porque, entre otras razones, era lo único que le permitía predicar su experiencia espiritual con autoridad y sin temor a ser tomado por un iluminado, como le ocurrió en el episodio de su paso por Salamanca. Así, san Ignacio quiso contrastar su experiencia interior con la teología y quiso que fuera aprobada por los doctores eclesiásticos. Hemos de recordar que el mismo texto de los Ejercicios fue aprobado por un breve pontificio (*Pastorales officii cura*, el 31 de julio de 1548), y es raro privilegio que un libro obtenga aprobación tan solemne [FN II, 1, 10].

De este modo, el conocimiento teológico del «Padre Maestro Ignacio», como le llamaban sus compañeros, se une al conocimiento interno de Cristo que él fue adquiriendo guiado por Dios, a través de la experiencia humana y espiritual y de los dones místicos. En la síntesis de estos aspectos se da el concepto de Cristo que tiene san Ignacio y que estudia el P. Rahner. Y esta síntesis, podemos decir, que la halló Rahner en la frase de un antiguo elogio al sepulcro de Ignacio de Loyola: *Non coerceri maximo contineri tamen a minimo divinum est* («No estar limitado por lo máximo, y estar contenido en lo mínimo, eso es lo divino»).

2. Argumento y límites de la obra

2.1. Argumento: «la cristología de san Ignacio»

La cristología que estudia esta obra es el punto de llegada de un profundo y amplio estudio de la obra y figura de san Ignacio que realizó el P. Rahner durante casi la totalidad de su vida como religioso jesuita y como teólogo. En ese estudio se acentuó sobre todo la centralidad del misterio de Cristo en la vida, experiencia interior y doctrina del santo. El concepto de Cristo que sintetiza Ignacio a través de sus estudios y experiencia mística es cristología, y esa cristología se sitúa como el núcleo de una teología que encuentra en los Ejercicios Espirituales su concreción y explanación.

En efecto, el presente estudio pretende ser una reflexión sobre la Cristología de san Ignacio, según nos la ha hecho llegar un gran teólogo y estudioso del santo, como lo fue Hugo Rahner. Su reflexión encierra una síntesis teológica y cristológica que existe en el propio libro de los Ejercicios Espirituales, e iluminará a aquellos que se acerquen a beber de la fuente de la espiritualidad y teología ignaciana en la realización de su propia síntesis de los misterios de fe, como ya lo hiciera con innumerables y reconocidos santos y teólogos de la historia de la Iglesia desde san Ignacio hasta nuestros días.

Más aún, en el san Ignacio presentado por el P. Rahner se puede encontrar la perfecta realización de lo que este teólogo llamó la *Theologia cordis*, una teología que es orada y vivida. Esta manera de hacer teología es, a su vez, la expresión de la propia teología que defendió y promovió el P. Hugo Rahner.

De este modo, la obra que presento supone el acercamiento al concepto teológico de Cristo de un santo, con toda la riqueza de profundización del desarrollo de la historia de la teología y espiritualidad que asumió, expresó y vivió el P. Rahner.

2.2. Límites de la obra: «según el P. Hugo Rahner, SI»

El propio enunciado de la obra «La cristología de San Ignacio según el P. Hugo Rahner, SI» limita el campo que aquí se trata. Efectivamente, la producción teológica y espiritual sobre san Ignacio es inabarcable. Son muchos los autores que han estudiado la figura y obra del santo y aún hoy son abundantísimos los estudios e investigaciones[4].

Por esto mismo, nos limitamos aquí a lo investigado y publicado por el P. Rahner y sus propias referencias teológicas y bibliográficas.

Los campos que abarcan la obra teológica del P. Rahner son muy variados. Es de interés y de importancia la aportación del Padre Rahner a la teología del siglo xx anterior al Concilio Vaticano II y en el mismo Concilio. Son conocidas su erudición y aportación en el campo de la Patrística y de la Historia de la Iglesia. Incluso en el campo de la investigación sobre san Ignacio ocupa un lugar destacado. Por ello, también nuestro estudio de la obra ignaciana del P. Rahner precisa de un límite: su cristología.

Efectivamente, el estudio de la cristología de san Ignacio en el P. Rahner no agota sus estudios sobre san Ignacio. El

---

[4] Cf. *Orientaciones bibliográficas sobre San Ignacio de Loyola*, Roma, Institutum Historicum S.I., en sus tres volúmenes (años: 1965; 1965-1976; 1977-1989), el primero preparado por I. Iparraguirre y los otros dos por M. Ruiz Jurado. Cf. también la extensa bibliografía que se publica anualmente en la Universidad Gregoriana de Roma y diversas revistas.

Padre Rahner realizó numerosas publicaciones, recensiones, investigaciones, sobre la vida y obra de Ignacio de Loyola. Algunos de estos estudios ayudan, es verdad, a entender y penetrar más en su acercamiento a la cristología, y muestran precisamente por ello la interconexión propia de los misterios de fe y la síntesis que realizó el santo. Me refiero, por ejemplo, a importantes estudios de Rahner sobre la biografía y espiritualidad del santo, sobre la influencia que recibe de los Santos Padres, de la Eclesiología, etc. Todo son perspectivas que ayudan a introducirse en el san Ignacio teólogo de Hugo Rahner. Pero nos ceñiremos a la perspectiva cristológica y al resto de estudios solo en cuanto ayuden a clarificar su posición y centralidad.

3. Estructura de la obra[5]

La obra parte de un breve acercamiento a la persona y obra teológica del P. Rahner, quizás algo desconocidas en el ám-

---

[5] He procurado transcribir en alemán los textos de Hugo Rahner y de otros autores que no se encuentran traducidos al español, poniendo la traducción española en el cuerpo del texto y el original a pie de página para facilitar la lectura continuada. Los números correspondientes a las citas de los Ejercicios Espirituales remiten a la división por párrafos del texto de los Ejercicios hecha por el P. Codina y aceptada ya universalmente. En ocasiones, he puesto en nota el texto completo del número citado de los Ejercicios para facilitar la lectura y la comprensión. El texto original está en la colección *Monumenta Historica Societatis Iesu*, II, I, publicada en Roma. Los artículos contenidos en el volumen recopilatorio de H. Rahner, *Ignatius von Loyola als Mensch und Theologe*, se citan en esta edición de Friburgo 1964, salvo indicación. Cuando un artículo sea citado varias veces nos referimos a esta edición, como se indicará la

bito teológico español y mucho menos afamada que la de su hermano Karl. Tras este acercamiento viene lo que constituye el cuerpo teológico del trabajo.

En el proceso de elaboración de la obra he buscado los elementos más importantes de la interpretación ignaciana de Hugo Rahner a través de sus distintos escritos. De este modo damos pronto con una de las claves teológicas vertebradoras de su pensamiento, la «tensión» de distintos polos, en la que se profundiza en el capítulo II, y cuyo análisis desde la *analogia entis* de Erich Przywara y el concepto de «símbolo» y *mysterion*, constituyen la fundamentación filosófica, metafísica y teológica de la obra.

Los capítulos siguientes de la obra manifiestan la aparición de esa clave en los aspectos cristológicos más relevantes de los que ha escrito y hablado Hugo Rahner: la mística cristológica del *Diario espiritual* (Capítulo III); el desarrollo del concepto de Cristo en san Ignacio, sintetizado en la máxima del Epitafio de Loyola: *Non coerceri maximo, contineri tamen a minimo divinum est:* no estar limitado por lo máximo y, sin embargo, estar contenido en lo mínimo, eso es lo divino (Capítulo IV).

El estudio, sobre todo, de la cristología de los *Ejercicios Espirituales* (Capítulo V), además de ampliar otros aspectos de la Cristología, nos ayuda a verificar y profundizar en lo

---

primera vez que cite un artículo. Para la fundamentación dogmática de algunos puntos me he apoyado, además de los estudios de Rahner y de su libro *Teología de la predicación*, en el manual de M. J. Scheeben, *Los Misterios del Cristianismo*, por ser la referencia que el mismo Rahner cita y usa en los artículos más relevantes a los que he acudido. Siempre que hable de «Rahner» me estaré refiriendo a Hugo. Cuando cite a su hermano Karl usaré siempre el nombre completo «Karl Rahner».

expuesto en los capítulos precedentes. Se trata de ver que en cada meditación del libro de los Ejercicios se esconde un concepto teológico y cristológico en un cierto equilibrio de tensiones, que puede estudiar la teología. Así ocurre también en las *Constituciones* de la Compañía de Jesús.

En las conclusiones finales hacemos una valoración de este trabajo y destacamos la importancia y la validez de la teología ignaciana de Rahner para la teología actual.

CAPÍTULO I.
Semblanza y obra teológica
del P. Hugo Rahner, SI

1. Semblanza[6]

1.1 Introducción

Alfons Rosenberg, conocedor del pensamiento de nuestro autor, ha llamado la atención sobre el hecho significativo de que el P. Hugo Rahner naciese en el cambio de siglo, el 3 de mayo de 1900. Por la peculiaridad de su persona y su obra, es como si hubiera en él una síntesis entre lo nuevo y lo viejo. En una teología como a caballo de dos épocas, entre los Santos Padres y la *Nouvelle Théologie* de la primera mitad del siglo xx, entre el pensamiento simbólico y el abstracto.

---

[6] Para la semblanza y el estudio de la obra teológica he utilizado, sobre todo, la reseña de Alfons Rosenberg, AA.VV. [1970: 555-563], y la voz «Rahner, Hugo» del *Nuevo diccionario Histórico de la Compañía de Jesús* [2001: 3279], de gran interés, pues fue escrita por su propio hermano Karl Rahner. También es interesante la biografía conjunta sobre los hermanos Rahner de K. Neufeld, aunque la obra se centra más en la persona de Karl [Neufeld, 1994].

Herr Professor Rahner era miembro de una familia de profesores. Hermano mayor del conocido teólogo católico Karl Rahner, cuatro años menor que él. El propio Karl lo describe como un hombre de una «personalidad brillante que atraía por su bondad y buen humor»[7].

1.2 Años de formación y ministerio docente

Nace en Pfullendorf (Baden-Württemberg, Alemania), en un ambiente alemán más católico que protestante.

Después de vivir el azote de la Primera Guerra Mundial, realiza los estudios medios y parte del servicio militar. Entra en la Compañía de Jesús el 11 de enero de 1919, en Voralberg, Austria. Terminado el noviciado estudia filosofía entre Valkenburg (Holanda) e Innsbruck (Austria). La Ley contra los jesuitas de 4 de Julio de 1872 había expulsado a los jesuitas de toda la zona del Reich y disuelto sus establecimientos. De este modo, la formación se llevaba a cabo en el extranjero. Erich Przywara unos años antes (1910-1913), y su hermano Karl pocos años después (1929-1933), pasarían también por los estudios de Valkenburg, que era casa de formación de los jesuitas alemanes en Holanda.

Cuando su hermano Karl todavía estudiaba la filosofía en Feldkirch, Hugo es enviado allí en el año de formación jesuítico dedicado a la enseñanza, como «maestrillo». Pronto se dedicará a la teología y al doctorado en Innsbruck entre 1926 y 1931, siendo ordenado sacerdote en 1929. Los tres años siguientes a sus estudios de Innsbruck los dedicará a la

---

[7] Voz «Rahner, Hugo» [2001: 3279].

tesis de habilitación, estudiando Historia de la Iglesia en Bonn bajo la dirección de Franz Joseph Dölger, para conseguir la cátedra de Historia de la Iglesia y Patrología en la facultad de Innsbruck que ocupa hasta 1938, cuando el nacionalsocialismo suprime esta facultad en la anexión (*Anschluss*) de Austria al Reich alemán.

Es entonces, entre 1940 y 1945, cuando Rahner tiene que exiliarse a Sitten (Suiza). Allí colabora en las Jornadas *Eranos* organizadas en Ascona, tertulias altamente influyentes de pensadores eruditos comprometidos con el ansia de fomentar la dimensión espiritual del ser humano en el mundo moderno. En esta época redescubrió la teología simbólica. Fruto de las selectas charlas es el volumen *Mitos Griegos en interpretación cristiana* [Rahner, 1945; 2003].

Al regresar de Suiza a Innsbruck en 1945, es nombrado Decano de la Facultad de Teología, donde fue profesor hasta 1963, siendo rector de la Universidad entre 1949 y 1950. Profesores y compañeros de la misma facultad fueron J.A. Jungmann, Fr. Lackner, Fr. Dander o su propio hermano Karl Rahner. En este tiempo, su labor científica y teológica fue abundante, publicando numerosos artículos y recensiones.

A su actividad docente se le añaden otros ministerios. Fue consejero espiritual y predicador de Ejercicios Espirituales, especialmente a sacerdotes.

En 1962 tuvo que abandonar la actividad como profesor a causa de su salud, y retirarse a Múnich, donde la enfermedad de «Parkinson» le acompañará hasta su muerte, el 21 de diciembre de 1968. Curiosamente es la fecha en que la Iglesia conmemora a san Pedro Canisio, primer santo evangelizador de la Compañía de Jesús en Alemania.

2. Obra teológica

2.1 Introducción

El P. Rahner destacó en varios campos del saber teológico y su labor está atestiguada tanto por el número de publicaciones y artículos (más de cien artículos en el *Lexikon für Theologie und Kirche*) como por la calidad e influencia teológica de los mismos. Sobre otras materias es conocido como patrólogo de la escuela de Dölger y especialista en Historia de la Iglesia Antigua, interesado sobre todo en las relaciones entre la antigüedad clásica y cristianismo. Pero más allá de ocuparse de un área concreta de la teología, el P. Rahner ha sabido unir y entrelazar distintos campos. Su erudición patrística, del cristianismo antiguo y de la Historia eclesiástica, se junta con una vasta sabiduría del mundo clásico. Y estos, a su vez con un profundo conocimiento del legado espiritual de un gran santo como lo fue san Ignacio de Loyola.

Por esta razón, me parece importante que nos detengamos en los puntos más importantes que conforman el panorama teológico de Hugo Rahner, puesto que los distintos polos teológicos se tocan y unos revierten en otros. Evidentemente, el conocimiento de los Padres y de la historia eclesiástica ayuda a Rahner a entender mejor a san Ignacio y penetrar en lo profundo de su interior. Pero, del mismo modo, la *forma mentis* de un jesuita, educado en una larga formación y en la escuela del afecto de la Compañía de Jesús y de su fundador, san Ignacio de Loyola, y en los Ejercicios Espirituales, revierten en el modo en que este teólogo afronta los Padres y el mundo antiguo.

Un último aspecto que destacar de este teólogo es su brillante pluma. Lleno de ciencia teológica, «en el fondo –escribe Rosenberg [1970: 562]– Rahner es un poeta que escribe sus himnos en prosa». Por esto, junto a su vasta erudición, cabe destacar la claridad y belleza de sus escritos, su magnífica oratoria y su lenguaje cincelado a la romana.

2.2. La *Theologia cordis*

Como hemos destacado antes, la teología de Rahner se forma a modo de síntesis de distintos aspectos, algunas veces aparentemente contradictorios, o de un intento de unir distintos polos. El centro vivo y unificador de esta teología lo constituye lo que se llamó la *theologia cordis*, núcleo del pensamiento y del mensaje de Hugo Rahner, que nace de la preocupación de unir los polos óntico y existencial. Se trata de la resurrección, llevada a cabo por distintos teólogos de comienzos del siglo xx, de una teología kerigmática o de la predicación[8], donde se entiende que el aspecto óntico de la fe, lo verdadero en sí, ha de verse complementado por la fe existencial. Es decir, se entiende que la teología no es una mera ciencia humana, sino que es también mensaje de salvación que surge de la oración y de la fe viva. Esta teología del kerigma se nutre del conocimiento de la Escritura y de la Teología de los Santos Padres. Pero, sobre todo, se nutre del deseo de que la Teología vuelva a tener ese aspecto salvífico y kerigmático que lleva consigo la exposición de los misterios revelados: «*Del mismo modo* como Cristo quiso darse a conocer como Dios, así –y solo así– tenemos que anunciarlo» [Rahner, 2019: 75].

---

[8] Sobre este tema precisamente escribió una de sus primeras obras, compilación de distintas conferencias titulado *Eine Theologie der Verkündigung*, publicado desde el exilio de Suiza en 1939 [Rahner, 2019].

2.3. Los Santos Padres

Como historiador eclesiástico se centró en la libertad eclesiástica de Occidente (*Abenländische Kirchenfreiheit*) y en las relaciones de Roma, Constantinopla y Moscú[9].

En lo que toca a los Santos Padres, el P. Rahner ha colaborado en el impulso del redescubrimiento de los tesoros de los Padres, especialmente de la llamada teología simbólica, tratando a su modo de sacar la teología de cierto racionalismo o, con palabras suyas, de su «cerebralización».

Hugo Rahner prueba cómo la teología simbólica de los Santos Padres no es una mera curiosidad o un añadido prescindible en el pensamiento de la Iglesia primitiva. Esta idea la encontramos primero en su artículo *Die Gottesgeburt*[10], publicada en 1935, y luego en la compilación de sus trabajos *Symbole der Kirche*[11], en 1964.

De su amor por la Iglesia antigua y su estudio surge la compilación de traducciones de himnos primitivos titulada *Mater Ecclesia*, que abunda en estas imágenes simbólicas [Rahner, 1944].

Quizás los símbolos utilizados por la teología de los primeros tiempos puedan resultar extraños al cristiano de hoy, pero constituyen un tesoro casi desconocido y de gran influencia por ejemplo como base de la mística cristiana. En este punto, los estudios sobre la simbología de los Padres de Hugo Rahner, sobre todo con las imágenes destinadas a con-

---

[9] Cf. la traducción española: [Rahner, 2004]

[10] El título completo del artículo es *Die Gottesgeburt; die Lehre der Kirchenväter von der Gläubigen*, ZKTh [Rahner, 1935: 333-418].

[11] El título completo es *Symbole der Kirche. Die Ekklesiologie der Väter* [Rahner, 1964]

cretar la naturaleza de la Iglesia, colaboraron en la elaboración de la *Lumen Gentium*, Constitución Dogmática sobre la Iglesia del Concilio Vaticano II. Frente a una idea equivocada de que la eclesiología del Concilio ensombreció la mariología, las investigaciones de Rahner apuntan a un misterio más alto. A él le debemos la profundización en el misterio de la Virgen María como icono de la Iglesia, mostrando cómo para los primeros cristianos una y otra estaban en estrecha unión y relación teológica [Rahner, 2002].

2.4. El Humanismo cristiano occidental

Jean Daniélou afirma que «el estudio del simbolismo cristiano debe buena parte de su renovación a Hugo Rahner y su obra *Griechische Mythen in christlicher Deutung*»[12]. En efecto, en esta obra, el autor que nos ocupa tiene como meta «el estudio de la naturaleza sacramental de la Iglesia utilizando como material de contraste el precioso legado de las religiones mistéricas de la antigüedad griega tardía» [Rahner, 2003].

El autor pretende, por tanto, la recuperación del humanismo cristiano en occidente con toda la fuerza de la tradición de la Iglesia primitiva y del legado del mundo clásico de Grecia y Roma. Rahner es, pues, un recuperador de lo griego, algo que, aunque en otro sentido, había sido una constante en autores alemanes anteriores, como Nietszche o Hölderlin, que veían en Grecia «el paradigma de la realización perfecta de lo humano» [Rahner, 2003: 13]. Rahner va más

---

[12] La obra de H. Rahner, titulada en español *Mitos Griegos en interpretación cristiana*, recoge las intervenciones de las Jornadas Eranos y fue publicada por primera vez en Zúrich en 1945.

allá de una mera vuelta a lo griego, y nos habla de un humanismo cristiano:

Con Cristo nos hallamos en un momento de transición en la cultura humana: Dios ha comunicado al mundo del espíritu griego y del imperio romano su revelación y la Iglesia guarda esta verdad en las palabras griegas de su libro sagrado y en la tradición que se origina en la latinidad romana. Por ello, la Iglesia hablará esencialmente griego aun cuando para un mundo desespiritualizado la antigua Grecia cayese en el más absoluto olvido. Y orará en latín aun cuando en un futuro todos los bárbaros olvidaran la lengua de Roma. Al igual que habrá pan hasta el final de los tiempos y vino noble, manantiales de agua y olivos, aunque fuese por amor al misterio de los cristianos, así mismo la herencia de Grecia y Roma seguirá teniendo su lugar en el seno de la Iglesia, siempre dispuesta a renacer a una nueva juventud. Por ello, el humanismo de los cristianos es el amor a la palabra de Dios. Y en los avatares de la cultura que el habla de los cristianos depara al Dios de la revelación, el cristiano ve gobernar el dedo del Espíritu que apunta hacia Cristo. La luz que, en medio de las tinieblas del hombre, se ha encendido en Grecia es una luz prestada: Cristo es el sol. Y los murmullos y voces que, anhelantes de verdad y belleza, se escuchan en los espíritus de Grecia, son solo sonidos perdidos que proceden del chorro verbal del Logos que se derrama desde lo alto, un don de profecía que apunta a la verdad, sin todavía saberlo con certeza [Rahner, 2003: 31].

Este Logos es el que ocupa nuestro estudio. El Logos que la Iglesia primitiva vivía con ardor, pero que desde la teología de Rahner estudiamos también cómo el Logos vivido por san Ignacio. Como veremos, algunos de los elementos en los que se centra el libro de Rahner de los *Mitos Griegos*, como el de *mysterion*, ayudan a penetrar en la frase clave de nuestro estudio en la que Rahner ve sintetizada la figura de san Ignacio y su cristología: *non coerceri maximo, contineri tamen a minimo divinum est*[13].

2.5. San Ignacio

2.5.1 Estudios sobre san Ignacio

El estudio del fundador de su orden, san Ignacio de Loyola, es otra de las pasiones de nuestro teólogo, al que caracteriza como el «ideal del santo moderno» [Rahner, 1968: 157: 180]. El contacto con el espíritu de san Ignacio parte ya desde sus años de estudiante en Pfullendorf (Alemania). Después de entrar en el noviciado y tras muchos años de formación en la Compañía surge en el Padre Rahner el deseo de conocer más en profundidad la figura del Santo. A este deseo se une, además, su agudeza de investigador y capacidad de penetración para introducirse en el corazón de Loyola.

Pronto se dedica a las primeras investigaciones, muchas veces de aspectos desconocidos y muy diversos de la vida del Santo, desde el origen del nombre de Ignacio en Ignacio de Antioquía, el trato espiritual y humano con las mujeres, la enfermedad, o su sacerdocio. Todo ello muestra un conocimiento profundo y global de la figura ignaciana. Uno de sus primeros estudios y más conocidos, *Die Vision des heiligen Ignatius in der Kapelle von La Storta* [14], sobre la visión místi-

---

[13] Texto completo en el texto *Imago primi saeculi Societatis Iesu a Provincia Flandro-Belgica eiusdem Societatis repraesentata* [1640].

[14] La traducción española es *La visión de san Igancio en la capilla de La Storta* [Rahner: 2019: 41-118].

ca que tuvo san Ignacio en la Storta, apuntaba ya al esfuerzo de Rahner por introducirse en el corazón y vida mística del santo. En su libro *Ignatius von Loyola und das geschichtliche Werden seiner Frömmigkeit* [Rahner, 2021: 23-134], analiza la transformación interior de san Ignacio desde las distintas corrientes que lo influían, es decir, «la historia del corazón del Santo» [Calveras, 1952: 422] todo ello, en paralelo con las tradiciones espirituales de la Iglesia, ya desde los Santos Padres. Por ello, hablará de un paralelismo «metahistórico» entre los grandes hombres que destacaron en su servicio a la Iglesia y san Ignacio de Loyola. Un artículo a destacar por su trascendencia y por la importancia en este trabajo es el titulado *Die Grabschrift des Loyola* [Rahner, 1964: 422-440], publicado en 1947.

Aunque en el IV Centenario de la muerte del Santo (1956) se publicó una biografía fotográfica con texto del Padre Rahner, aquejado nuestro autor de una enfermedad, no pudo escribir la biografía completa que tenía planeada desde tiempo atrás.

Entre sus trabajos más importantes está la traducción e introducción al alemán de las *Cartas Espirituales de San Ignacio* [Rahner, 1942], y el de la edición y comentario de las *Cartas a las Mujeres* [Rahner, 1956].

En 1964 se publicó en alemán una recopilación de 20 artículos, algunos inéditos, unidos bajo el título *Ignatius von Loyola als Mensch und Theologe*, que habla del Santo en su faceta de Hombre y de Teólogo. Uno de estos artículos, publicado dos años antes, recoge uno de los temas más estudiados por Hugo Rahner, *La cristología de los Ejercicios* [Rahner, 2019: 221-296], mostrando el puesto central de Cristo en el conjunto de los Ejercicios Espirituales.

2.5.2. Influencias

Aunque se puede decir que los estudios de Hugo Rahner sobre san Ignacio tienen personalidad propia, no por ello son menos relevantes en nuestro estudio algunas influencias en el estudio de san Ignacio que recibió de otros autores contemporáneos suyos, no solo en el ámbito alemán, sino en el conjunto de la Compañía de Jesús.

La edición de *Monumenta Historica Societatis Iesu*, y las primeras investigaciones sobre las *Cartas* y el *Diario espiritual* de san Ignacio, supusieron una renovación de las propias fuentes del estudio del Santo y una corriente de investigación histórica más rigurosa [García-Villoslada, 1986: 16-20]. A esta renovación colaboraron los trabajos de Astrain (director de la *Monumenta*), de Tacchi Venturi, de Dudon y de Dalmases así como los de nuestro autor.

Especial mención requiere también Leturia, amigo de Rahner. Leturia, a pesar de su temprana muerte en 1955, publicó multitud de artículos y fundó la revista *Archivum Historicum S.I.* Gran parte de sus estudios se recogieron tras su muerte en dos tomos titulados *Estudios ignacianos* [Leturia, 1957]. Además, escribió el precioso librito sobre la juventud de Ignacio: *El gentilhombre Iñigo López de Loyola* [Leturia, 1941]. La historiografía ignaciana debe a Leturia, sobre todo, dos cosas: el haber colocado al santo en el medio real en que se movía: familia, ambiente de la época, nación, etc. Y haber entreverado la biografía externa de Ignacio con la gestación de la santidad personal en el corazón del santo [Leturia, 1957]. Ambos aspectos los vemos también en la obra ignaciana del P. Hugo Rahner.

En el campo alemán, dentro o fuera de la Alemania del nacional-socialismo, fue importante su paso por Valkenburg,

Holanda, y los trabajos de algunos profesores que él mismo recomienda para el estudio del contenido de los Ejercicios [Rahner, 2021: 155-174].

Por su carácter patrístico destaca también la obra del P. Vogt *Die Exerzitien des hl. Ignatius, ausfürlich dargelegt in Aussprüchen der Kirchenväter* [1914].

Otros trabajos a los que Rahner se refiere apuntan en la dirección de un descubrimiento de aspectos desconocidos de san Ignacio, como su vida mística o espiritualidad trinitaria [Haas, 1953: 123-135; Haas y P. Knauer, 1961: 150-250, también nota 30].

En un nivel más en línea con la teología de san Ignacio se sitúan algunas obras y autores como las de su propio hermano Karl Rahner, algunos de los jesuitas de la generación de la *Nouvelle Théologie*, Daniélou, Von Balthasar, Gaston Fessard, etc. Entre los autores que realizó más esfuerzos por acercarse a una teología ignaciana destaca Erich Przywara, al que Rahner se refiere en algunos escritos.

3. Conclusión

Visto el panorama teológico de Rahner, podemos acercarnos de un modo más eficaz y completo a su teología ignaciana y a su cristología. Se tiene en cuenta así la interconexión y armonía de los misterios de la fe que brotan conjuntamente en el quehacer teológico de nuestro autor. Una visión de la obra ignaciana del P. Rahner ha de tener en cuenta sus otros campos de investigación: el humanismo, los Padres y, sobre todo, su modo de entender la teología como *theologia cordis*.

La misma *theologia cordis*, con toda la fuerza de su expresión kerigmática y los distintos contrastes que alberga su exposición teológica en Hugo Rahner, nos acerca al misterio del corazón de san Ignacio de Loyola, y nos ayuda a profundizar en la teología y concepto de Cristo de un santo que se inscribe en la larga lista de hombres que destellan como lumbreras en las noches oscuras de la historia de la humanidad, con su entrega de amor y servicio a la Iglesia de Cristo. San Ignacio es hoy una fuente de conocimiento teológico que nos acerca al misterio de la encarnación del Logos y de su expresión terrenal en el tiempo a través de su Cuerpo Místico: «La sabiduría encarnada de Dios es también el fin y el objeto supremo, el centro en torno al cual, gira la sabiduría que se despliega en la teología» [Scheeben, 1957].

CAPÍTULO II.
LA «TENSIÓN» Y EL SÍMBOLO EN RAHNER COMO CLAVE DE LECTURA DE LA CRISTOLOGÍA DE SAN IGNACIO

1. Introducción

SON INCONTABLES los esfuerzos por estudiar la figura de san Ignacio y comprender su itinerario espiritual penetrando en su sentido. A todos los libros y artículos se sumaron, desde 1894, los volúmenes de la *Monumenta Historica Societatis Iesu* (se han superado ya los 150 volúmenes), y la publicación de las *Cartas* y del *Diario Espiritual* dieron un giro nuevo a las investigaciones.

Los trabajos que se realizaron para el IV Centenario de la muerte del Santo, y en los que Hugo Rahner colaboró intensamente, ponen de manifiesto «con evidencia que en primer lugar es necesario redescubrir, en Ignacio, al teólogo»[15].

El P. Hugo Rahner estaba convencido de que la figura de san Ignacio teólogo estaba aún por descubrir, o como expresó, en otro sentido, su hermano Karl: «Se hace necesario una teología de los Ejercicios, que es todavía un *desideratum*» [1963: 181].

Es ese deseo el que intentó llevar a cabo Hugo Rahner en su obra ignaciana. Descubrir toda la teología de Ignacio que

---

[15] «Avec évidence qu´il faut en premier lieu, redécouvir, dans Ignace, le théologien» [Gilmont J.-F. y P. Daman, 1958: IX]

el Santo armonizó en síntesis confrontando sus experiencias místicas con sus estudios de Alcalá, Salamanca, París y Venecia.

De todo ello, dice Hugo Rahner: «Es incuestionable que el núcleo más íntimo de la teología y mística ignacianas lo constituye su cristología» [1964: 251]. En efecto, la espiritualidad ignaciana es eminentemente cristocéntrica. Pero la comprensión de la Cristología ignaciana, en Rahner, tiene unos rasgos peculiares. Sus estudios ignacianos gozan de una autoridad especial debido a su erudición teológica, sobre todo en el campo patrístico y por capacidad de análisis y profundización.

Uno de los conceptos más importantes para el estudio de esta Cristología es el de la «tensión» de los misterios de fe. «Tensión» quiere decir el equilibrio armónico de lo natural y sobrenatural en los distintos misterios de la fe.

Este concepto de tensión que encierra el misterio teológico es como un río caudaloso, que nace de varias fuentes. Por eso, para profundizar más en el significado de este concepto, que es transversal en la obra ignaciana de Hugo Rahner, y para una mejor perspectiva del artículo sobre «San Ignacio el teólogo» vamos a fijarnos brevemente, centrando la atención en cómo el mismo Erich Przywara ha interpretado esta dialéctica.

Unido a esto veremos cómo cuando hablamos de «tensión» no se trata solo de un concepto filosófico, un modo de pensar propio del espíritu alemán, sino que en Rahner brota también de la propia teología estudiada por él, sobre todo de la teología simbólica de los Padres, especialmente alejandrinos, y en el concepto de *mysterion* de la Iglesia primitiva.

1.1 La «tensión» y la dialéctica de la mística *analogia entis*

Las siguientes palabras de Przywara, citadas por Hugo Rahner en su artículo *Ignatius der Theologe*, indican una dirección de los estudios rahnerianos sobre la teología y cristología de Ignacio: «La idea central aquí será que Ignacio puede ser comprendido solo dentro de la dialéctica de una mística *analogia entis*»[16].

Se subraya aquí que la obra ignaciana del P. Rahner está empapada de esta visión dialéctica de la teología. La frase también hay que entenderla en su contexto. Se trata del comienzo de un artículo en memoria de Przywara y se reconoce en su teología ignaciana un apoyo muy grande para profundizar en el conocimiento de Ignacio. No quiere decir que el acceso a un estudio de san Ignacio se agote en el punto de vista de Przywara o de la dialéctica. Ni tampoco que la dialéctica sea el único rasgo de la cristología, sino que, en la esencia del pensamiento ignaciano, como en el de la propia teología, está el misterio mismo de la encarnación del Logos, y este misterio mismo encierra una tensión, una dialéctica, que toca e ilumina el resto de los misterios de fe.

En su acentuación más filosófica, nada tiene que ver, ni se piensa aquí, en la dialéctica de un idealismo hegeliano. Un intento de estructuración de la teología de los Ejercicios desde la dialéctica hegeliana la realizó G. Fessard[17]. Ciertamen-

---

[16] *Es soll dadurch greifbar werden, daß wir den Vater Ignatius nur in der Dialektik einer mystischen Analogia entis verstehen können* [Przywara, 1956: 114ss]; citado por H. RAHNER [1964: 214-234] en S. BEHN [1959: 216-237].

[17] La obra de Fessard está escrita en tres tomos de los que con probabilidad Rahner conocería solo el primero de ellos, el de FESSARD [1956]. Una crítica a la obra de Fessard la encontramos en Granero [1957: 311-320].

te, la filosofía de Hegel estaba extendida en el pensamiento alemán del momento, y del idealismo alemán está empapado Hölderlin. La frase que este poeta alemán colocó en el pórtico de su *Hyperion* se constituye en elemental para Hugo Rahner en su explicación de san Ignacio: *non coerceri maximo, contineri tamen a minimo divinum est.* En casi todos sus artículos se destaca esta frase y su contenido es definitorio de su teología. Pero veremos cómo no se entiende aquí tanto una dialéctica puramente hegeliana, cuanto una dialéctica como síntesis de contrarios, entendida ya por Nicolás de Cusa, la tensión teológica de los misterios de la fe. Es una dialéctica de contrarios o de tensión de distintos polos, la dialéctica de la mística *analogia entis,* tal y como está expresado en la obra de Przywara. Por su influjo en la Cristología de Hugo Rahner que estudiamos, merece la pena detenerse en Przywara y en cómo entiende esta «tensión».

1.2 Erich Przywara y el Concilio IV Lateranense

Este jesuita de la Alta Silesia fue siempre un autor complejo e influyente, de fuerza desbordante, maestro de maestros: Karl Rahner y Hans Urs von Balthasar se preciaban de haber sido discípulos suyos.

Su vida y obra ayudan a conocer algo del pensamiento ignaciano de Hugo Rahner[18]. Ambos compartieron la misma

---

[18] Solo como un dato de interés cabe señalar que ambos se formaron en el mismo centro de estudios de filosofía y teología de Valkenburg (Holanda), donde también su hermano Karl cursaría la teología, con algunos grandes maestros en san Ignacio o de Sagrada Escritura como Hummelauer.

pasión por san Ignacio de Loyola, Padre y fundador de su Orden. El autor que estudiamos en la presente obra conoció los trabajos de Przywara sobre san Ignacio[19] a los que califica de una «contribución ejemplar» en el campo de la teología de Ignacio [Rahner, 1956: 47ss; 1964: 214].

En 1959, el Padre Rahner colabora en un homenaje a E. Przywara con un artículo titulado *Ignatius, der Theologe*, donde expone su visión de san Ignacio teólogo apoyándose en la teología y los trabajos de Przywara. «El Dios de Ignacio –dice Rahner en alusión a la teología de los Ejercicios del P. Przywara– era el Dios que es siempre mayor». Expongamos sucintamente el itinerario del pensamiento del autor al que Rahner alude [Przywara, 1962].

En primer lugar, es preciso situar su obra en el marco del pensamiento alemán y de su ambiente. A comienzos de siglo xx el mundo del pensamiento alemán se caracteriza por una búsqueda de las ideas puras que en ese momento, especialmente el que sigue a la Primera Guerra, se tiene que enfrentar a las distintas problemáticas de un mundo trágico. Toda una visión de contrastes que provocaron un pensamiento de búsqueda de ese Absoluto a través de esas diversas contradicciones con las que el hombre se enfrentaba. Esta búsqueda derivó en un pensamiento romántico, especialmente de la

---

[19] Los escritos más importantes de Erich Przywara sobre Ignacio son los siguientes: *Majestas Divina. Ignatianische Frömmigkeit*, Ausburgo [1925]; «Die Idee des Jesuiten» [1933: 252- 60]; «Thomas von Aquin, Ignatius von Loyola, Friedrich Nietzsche» [1936, 257-95; «Deus semper mayor» [1938: 81-94]; *Deus semper maior. Theologie der Exerzitien* [1938-1940], de los 3 vols. es especialmente importante el capítulo final (III, 411-428), *Gott in allen Dingen*; «Die Antwort eines Jesuiten. Was ist Geist des hl. Ignatius?» [1953: 151-158], el mismo artículo aparece en 1955, con el título *In und Gegen*; *Ignatianisch* [1956].

escuela de Heildelberg y en un idealismo especialmente representado aquí por Hegel y Scheler, ambos pensamientos afines en este punto. Un pensamiento que acaba en un tragicismo y un caos. Frente a esta posición, tomada por algunos protestantes como N. Hartmann y P. Tillich, está la de algunos autores católicos, como Peter Wurst, Rademacher o Romano Guardini. Este último, por ejemplo, parte de una mirada a la vida del hombre que se encuentra llena de contrastes (*Gegensätze*), invitando a pensar de modo tensionado. Para Guardini no se trata de una dialéctica que acabe en una tercera cosa superior. Escribe así sobre esta visión de los contrarios:

> El contraste consiste en el hecho de darse a la vez y correlativamente repulsión y atracción, diferenciación y semejanza, multiplicidad y unidad: una unidad de tensión. Para ser posibles deben darse a una con la parte correlativa. Cada parte solo puede existir en la otra. Así obtenemos un orden peculiar, formado por exclusión e inclusión a la par, por diferenciación y afinidad, diversidad y unidad. No procede, pues, una exclusión pura; esto sería contradicción. Ni tampoco una vinculación pura; esto sería mismidad. Se trata de una forma peculiar de relación formada a la par, por una exclusión relativa y una inclusión relativa. Justo esta relación es la que llamamos contraste. [...] no es una mezcla de ambos aspectos. Y menos una tercera realidad en la cual estarían asumidos [Guardini, 1996: 126].

En este ambiente, el programa filosófico de Przywara parte del deseo de una filosofía de la conciliación, esto es, de una filosofía de la "polaridad dinámica". Pero pronto se da cuenta de que una "polaridad" (es decir, unidad de tensión) puramente inmanente lleva a la separación de Dios y deifica al hombre. Así, ese ritmo dinámico no puede hacerse un fin en sí mismo.

En 1932, en un momento histórico difícil al que acompañaba su enfermedad, Przywara publicaba su obra filosófica principal *Analogia entis*[20], concepto que vertebró su pensamiento. «Por él –dice Karl Rahner– la *analogia entis* dejó de ser una pequeña sutileza escolástica para convertirse en la estructura básica de lo católico». La *analogia entis* aparece en el pensamiento de Przywara como la solución al problema alemán del tragicismo de los contrarios [Gertz, en Coreth, 1994: 523-539].

Autores protestantes como Barth, Gogarten o Thurneysen elaboraron una «teología de los contrastes» o filósofos como Natorp una «Filosofía de la contradicción», donde Dios es lo opuesto a la criatura. Frente a esta posición Przywara asumió la tradición agustiniana y la doctrina de santo Tomás acerca de la criatura como la tensión entre esencia-existencia y Dios como identidad esencial de ambas [STh I, q.3, a.3].

Przywara entiende que existe una doble analogía, una horizontal y otra vertical, dando lugar a una cruz en las coordenadas de la analogía. Con esta fórmula, se salvaban tres co-

---

[20] «Dada la complejidad y la mala interpretación que se ha seguido de este concepto, resulta conveniente exponerlo brevemente: 1. En toda semejanza, entre el creador y lo creado, lo decisivo es su desemejanza cada vez mayor. 2. Esta frase solo explica "la estructura permanente de un hecho fáctico puramente libre". 3. Este ritmo es lo último en todo. De ahí se siguen tres conclusiones: (1) Como esta frase según el Concilio Lateranense IV se refiere precisamente también a cualquier orden, por muy sobrenatural que sea no es "teología natural". (2) Por lo tanto, no enuncia un principio del que pueda deducirse algo, sino el retorno al misterio. (3) Luego no es el ritmo de una dialéctica que termina en un tercero reconciliador» [Gertz, en Coreth, 1994: 523-539].

sas: La unión horizontal de tensiones y contrarios. La dinámica de un ritmo hacia arriba. La apertura de un ritmo hacia abajo.

Para Aristóteles, la analogía se da entre dos conceptos cuando se relacionan entre sí como un término con otro distinto (*allo pros allo*). Esto nos daría, por un lado, la analogía horizontal. Pero, para Przywara, existiría una analogía vertical que sostiene esa horizontal, la de la desemejanza siempre mayor, a pesar de la semejanza, por muy grande que sea. Esto es un movimiento superior en medio de la horizontalidad de la analogía aristotélica. Como una tensión que rompe la horizontalidad. Es lo que Przywara llamó la analogía teológica o «lateranense» que tendría una primacía sobre la analogía aristotélica horizontal. La analogía, por tanto, es simultáneamente forma teológica y principio filosófico, apoyándose en la teoría de la causa segunda de santo Tomás.

La analogía lateranense parte del texto del IV Concilio de Letrán (1215) *«quia inter creatorem et creaturam non potest similitudo notari, qui inter eos maior sit dissimilitudo notanda»*[21]. El Concilio lateranense, que había sido convocado por iniciativa de Inocencio III condenaba, entre otras cosas, la doctrina trinitaria de Joaquín de Fiore que ve la unidad de las tres personas divinas como idéntica a la forma de unidad de la Iglesia, es decir, interpretando la unidad divina desde la unidad de la Iglesia, pero las dos como idénticas. Por tanto, el decreto del Concilio no trataba tanto de interpretar correctamente la estructura de la Trinidad o de la Iglesia cuanto la expresión de la estructura transversal de la relación entre el Dios trinitario y la criatura. Entre Dios y la criatura, por «gran

---

[21] «No puede afirmarse tanta semejanza entre el Creador y la criatura, sin que haya de afirmarse una mayor desemejanza» [DH 806].

desemejanza» que haya, se da siempre una «mayor desemejanza», y por tanto no una identidad sino una analogía.

Según Przywara, en esta doctrina lateranense se entrecruzan, de alguna manera, lo agustiniano y lo ignaciano, con sus diferencias y coincidencias [Przywara, 1962: 117-148]. Si lo agustiniano tiende casi a diluir las criaturas en el «Dios todo en todas las cosas» en virtud de la «gran semejanza» que hay entre ambos[22], lo ignaciano destaca la «siempre mayor desemejanza». Sin embargo, uno y otro se complementan: «Lo más profundo de su contraposición mutua es el poder que tiene de revelarnos la unidad dialéctica que existe entre ellos». En este sentido, «lo agustiniano y lo ignaciano, casi inconciliables en su mutua oposición aparecen como intercambiables. En lo agustiniano transparece lo ignaciano, y en lo ignaciano lo agustiniano» [Przywara, 1962: 133].

Przywara usará más tarde su pensamiento de la analogía, ejemplificado en la analogía lateranense, para aplicarlo a sus estudios de la teología de los Ejercicios, en tres volúmenes, llamados *Deus Semper Maior* [Przywara, 1938-1940].

---

[22] San Agustín toma postura frente a una identificación total entre Dios y la criatura y él mismo explica que su doctrina de la *imago Trinitatis* no cae en modo alguno en esto: «No digo yo: el Padre es memoria, el Hijo es entendimiento, el Espíritu es voluntad... no digo que sean puestas éstas (es decir, la memoria, el entendimiento y la voluntad como facultades primordiales del espíritu) en parangón con aquella Tríada (Padre, Hijo y Espíritu). Sino que el misterio de estas tres funciones primarias del espíritu debe disponernos para creer, a ciegas y sin necesidad de comprenderlo todo, en el Misterio mismo de la Trinidad. Pues lo que hay en ti puedes conocerlo; pero lo que hay en Aquel que te creó -sea lo que fuere-, ¿cuándo podrás tú conocerlo? Y si lo puedes, no lo puedes todavía. Pero, aunque lo puedas, ¿podrás conocer tú a Dios como Dios se conoce a Sí mismo?» [San Agustín, *Serm.* 52, n. 10, 23].

Hugo Rahner valoró positivamente esta obra por su «agudo sentido teológico de la estructura interna de los Ejercicios», pero señaló a su vez sus limitaciones: «La dificultad del lenguaje, la armadura lógica de la *analogia entis* y su filosofía de la oposición que resultan un impedimento. En el fondo parece más una teología a propósito de los Ejercicios, que rebasa teológicamente a san Ignacio» [Rahner, 1940: 171-173; 2021: 173].

Por último, cabe recordar que Przywara señala, y esto lo toma Rahner, que la «tensión» que se da en san Ignacio, no proviene tanto de una mentalidad alemana, que admite una visión de la vida formada por contrastes, cuanto del carácter propio de la personalidad de san Ignacio y del «teologúmeno» español, de su tipo religioso y teológico. Su contraposición no es simple dialéctica, unión de contrastes:

> Para la dialéctica alemana es característico haber recibido su forma más característica en Hegel, como movilidad viviente del espíritu. Para el español, en cambio, la dialéctica no es sino una lucha por la verdad objetiva. La teoría alemana de los contrastes se enrosca en sí misma, para convertirse en una vida de búsqueda infinita. La actitud del español ante los contrastes consiste propiamente en desbordarse a sí mismo, en alejarse incluso de todo lo humano y personal para acceder a lo objetivo. El ritmo de la actitud germana ante los contrastes es el ritmo interno del hombre, así Lutero, Goethe, Nietzsche, representan la autofinalidad de lo demoníacamente genial. El ritmo de la reacción española ante los contrastes viene dado por el modo súbito y, sin embargo, discreto, de sacrificar la personalidad sin contemplaciones, al modo como Carlos V, Felipe II, Ignacio de Loyola y Juan de la Cruz viven sometidos a un mismo reservado silencio [Pzrywara, 1962: 36].

San Ignacio, dirá Rahner, aprendió a respetar y preservar su sentido reverencial de la distancia de todo lo que es de Dios [1959: 215]. El modo en que Ignacio se enfrenta a la «tensión» semejanza-desemejanza es el de la *humildad amorosa* [MI III, 1, 131; I, 41]. La reverencia y el servicio son las actitudes con las que Ignacio se acerca al misterio de Dios, «que es siempre mayor» y que en Cristo se revela a sí mismo y al misterio del hombre.

1.3. El *mysterion* y la teología simbólica

La tensión de los misterios de la fe no es un elemento que brote aisladamente de la filosofía. Uno de los aspectos importantes para comprender esta «tensión» de la que hablamos es que ésta no nace exclusivamente de la filosofía o de un puro pensamiento metafísico. Al menos en Rahner, nace también del estudio y la pasión por los Santos Padres que le acompañó toda su vida. En el P. Rahner entender los misterios de la fe desde el aspecto de la tensión nace, por un lado, de la contemplación del misterio revelado y del amor a la Iglesia desde el estudio de los primeros hijos de la Iglesia y, por otro lado, del ser hijo de san Ignacio de Loyola.

El P. Rahner ha puesto de relieve, en distintos trabajos, la importancia del símbolo en la Iglesia de los primeros siglos, especialmente la simbología eclesiológica [Rahner, 1964]. El símbolo viene a ser como la representación de la «tensión» que sufre el misterio.

Así, por ejemplo, en su libro sobre los mitos griegos, distingue Rahner las diferencias, influencias y la distinta evolución que tuvieron los misterios paganos (o *mysteria*, utilizado siempre en plural) en contraste con los misterios cristianos (o *mysterion*), que, en su naturaleza revelada por Dios en Cristo, nada tienen que ver con la religión mistérica de la antigüedad[23].

El misterio se halla inmerso en la historia de la salvación que acompaña al pueblo de Israel. Ya en el Antiguo Testamento es el *sacramentum regis*, la secreta resolución de un rey confiada a los más cercanos. El misterio es esa revelación secreta de Jesús que habla en parábolas, pero que en su hablar viene también acompañado de hechos. El misterio se convierte así en el lugar de la revelación del Logos, del Dios hecho carne, que se muestra en esa misma carne en un lenguaje comprensible a los ojos de aquellos que se convierten en receptores de esa Palabra, aquellos que escuchan y ven en Cristo toda la revelación del Padre. El cristianismo es, por ello, también la «religión de la mística donde detrás de la palabra y de los ritos se esconden las infinitudes de Dios» [Rahner, 2003: 72].

---

[23] Distingue Rahner el misterio cristiano de los antiguos misterios en tres aspectos principales: «El cristianismo es, ante todo, misterio de la revelación, de exigencia moral, y de redención por la gracia [...] La revelación cristiana no es mito, sino Historia, y su trascendencia la expresa claramente la Iglesia, la palabra inteligible del Nuevo Testamento, la tradición apostólica que puede ser datada con precisión, la forma básica y consolidada de los sacramentos. [...] Es el misterio de las exigencias éticas [...] La piedad mistérica es, en el mejor de los casos, siempre trágica y terrenal de una purificación moral (y a veces solo ritual) y de una elevación del alma a partir del propio esfuerzo. El cristianismo no es elevación, sino un descender de Dios e infusión de la gracia divina para la conversión moral en el amor a Cristo. [...] Es el misterio de la redención: la redención cristiana es la remisión de los pecados por la muerte de Cristo en la Cruz. Presupone el pecado original, es además redención de la culpa, del mal ético y teológico, pero no liberación de la carne, considerada de algún modo malvada o contraria a Dios» [Rahner, 2003: 63-66].

Pero, sobre todo, el misterio es el lugar de la revelación, de la manifestación poderosa del Dios infinito en los finitos límites de lo humano y de la naturaleza:

> *Mysterion* es el impresionante drama de la salvación del hombre que emana de lo más profundo de Dios, se hace visible en Cristo y en la Iglesia y retorna a los más íntimo de Dios, es el drama de la Verdad, como diría más adelante san Clemente de Alejandría. Por ello, *mysterion* es siempre a la vez un revelarse y un permanecer velado de la obra salvífica divina: revelado en la comunicación de la verdad por Cristo anunciador; oculto en la ininteligencia del enunciado divino que, una vez comunicado, no puede ser comprendido totalmente y solo es accesible por la fe. Este *mysterion* es el drama de la naturaleza superior, de la acogida de la criatura a la filiación que está muy por encima de toda naturaleza y pensamiento humanos. El *mysterion* cristiano es siempre una «secreta revelación»: secreta porque aquí abajo siempre se dirige exclusivamente a la fe y dentro de la aceptación creyente solo comunica lentos avances hacia la comprensión, hacia la gnosis sagrada; manifiesta porque ha sido predicada desde los tejados y se dirige a toda la humanidad excluyendo todo esoterismo y doctrina secreta [Rahner, 2003: 61].

Para san Pablo, dice Rahner, todo lo creado es obra del poder divino, y, por tanto, su manifestación simbólica, y así, lo invisible de Dios se deja ver a la inteligencia del hombre a través de las obras de la creación (cf. Rm 1,20)

Más aún. Explica el P. Rahner, que, al entender el misterio como el drama de la Verdad, la manifestación de la fuerza del misterio se da en lo necio y escondido del misterio de la cruz[24], y los frutos de esa cruz, que es la vida nueva en Cris-

---

[24] La cruz como misterio cósmico y la cruz como misterio bíblico resumen las dos fuentes que nos hablan del misterio de la cruz «el cosmos de

to, se adquieren por el misterio de la participación en la vida divina de Cristo, muerto y resucitado, es decir, por el bautismo.

Existe, por tanto, una expresión sacramental de la manifestación visible del secreto de Dios, del drama del descenso. Se destaca sobre todo esta presencia de Dios en el «misterio del bautismo»[25], como expresaron muchos de los Padres.

Aquí nos encontramos con el hilo conductor que nos lleva directamente a la cristología que Rahner ve en san Ignacio. El *non coerceri maximo* no es únicamente una frase célebre del siglo XVII aislada de una tradición eclesial, sino que, de alguna manera, en expresión parecida, ya se encontraba en los Padres. En su libro sobre el bautismo, Tertuliano dice: «*Simplicitas divinorum operum quae in actu videtur et magnificentia quae in effectu promittitur*» [*De baptismo* 2: CSEL 29, 201, 20s]. La acción divina en el bautismo asombra a san Ambrosio, quien se pregunta:

«¿Acaso hay algo más divino que en un punto tan diminuto se resuelva la culpa de todo un pueblo?» [en Rahner, 2003: 96].

¿No recuerda esto la feliz expresión que tomará Rahner para situarla en la entraña misma del modo de entender a San Ignacio y su cristología?

«Aquí –dice nuestro autor en los *Mitos griegos*– nos enfrentamos al sentimiento del hombre antiguo en relación con

---

los griegos y la Biblia de los hebreos convergen en el misterio de la Cruz» [Rahner, 2003: 90].

[25] «El hecho por el cual surgió del sencillo rito de bautismo del Nuevo Testamento, el prolijo misterio paleocristiano, radica en la naturaleza misma del acto de salvación por el sacramento; en el hecho de que un quehacer tan humilde e ínfimo con el agua y la palabra es un signo de una acción tan inaudita, dispuesto por Cristo» [Rahner, 2003: 95].

los misterios, con la tensión representada por un símbolo, entre lo que se dice y lo que se alude, entre la sencillez de lo visible y la violencia de lo invisible» [Rahner, 2003: 95].

De este modo, el concepto de «tensión» unido a la teología símbolica de los Santos Padres encuentra una expresión en lo ignaciano. La frase del Epitafio de Loyola hace de síntesis de esa mirada sobre el misterio de Cristo y lo divino: «no estar limitado por lo máximo, y estar contenido en lo mínimo, eso es lo divino». De hecho, un artículo reciente pone de relieve las raíces en el primitivo cristianismo de esta máxima de lo divino que estudió Hugo Rahner[26].

En resumen. En la cristología de Ignacio, podemos decir, que nos enfrentamos al modo que tiene un santo como Ignacio de Loyola de entender y amar lo humano y lo divino de Cristo, según lo interpreta el P. Rahner. Además, conocer la teología simbólica que desarrolló el P. Rahner, ayuda a completar el significado de la tensión de los misterios de la fe y su visión teológica. Este significado está sintetizado en la frase del Epitafio que veremos más adelante: *Non coerceri maximo contineri tamen a minimo divinum est*[27].

---

[26] *Non coerceri maximo, contineri tamen a minimo divinum est* [en T. Marscher y Ch. Ohly, 2008].

[27] Cf. en esta obra cap. IV, 2.

CAPÍTULO III.
IGNACIO EL TEÓLOGO Y LA MÍSTICA DIALÉCTICA DEL DIARIO ESPIRITUAL

1. Introducción

LA MÍSTICA IGNACIANA tan solo se empezó a estudiar en el s. XX, especialmente desde la publicación por Juan José de la Torre del *Diario Espiritual* en 1892, que hasta entonces era conocido fragmentariamente y se le había dado un valor relativo [García-Villoslada, 1986: 5-6]. El P. Rahner estudió el *Diario Espiritual*, que editó en alemán, y lo asumió como parte esencial de su modo de entender a san Ignacio y su teología, como se muestra en su citado artículo en homenaje a Przywara, *Ignatius der Theologe* [Rahner, 1964: 214-234].

El P. Rahner ve en una frase del *Diario Espiritual* de san Ignacio la estructura subyacente de la teología de Ignacio (que tiene, precisamente, como primer panel de su tríptico teológico la dialéctica de la semejanza y desemejanza). La frase dice: «*más me parecía la visita interior, entre su asiento arriva y la letra*»[28].

---

[28] El texto completo del diario dice: «127. Después en la oración preparatoria con quieta y internamente, y así en la capilla. Después al vestir, con nuevas mociones a lacrimar y a conformarme con la voluntad divina, que me guiase, que me llevase, etc "Ego sum puer etc." entrando en la

«Arriba», «en medio» y «la letra», son los tres paneles de la teología de Ignacio que desarrolla Hugo Rahner. Conforman como una «topografía» cósmica, de lo celeste y lo terreno, la cosmovisión de los misterios de la fe en la mística de Ignacio. Veámoslos a continuación.

1.1. La tensión dialéctica entre «Arriba» y «de arriba»

El sentido reverencial que tenía san Ignacio de todo lo que es de Dios, expresado a modo de ejemplo en esta frase «dadme humildad amorosa», nos hace entender mejor por qué Hugo Rahner dice de Ignacio que es el icono sagrado de la definición del Concilio lateranense IV° de la semejanza de Dios que existe en una gran desemejanza. Es el sentido reverencial el que da paso al primer panel dialéctico que parte de la citada frase del *Diario* y que estudiamos a continuación: el «arriba».

«Arriba», «de arriba», «mirar arriba» son expresiones frecuentes en la mística de Ignacio y clave en su teología.

«Arriba» significa el lugar místico donde Dios tiene su asiento, el lugar de las tres personas divinas. Este «arriba» nos es

---

misa, con mucha devoción y interna reverencia y mociones a lacrimar, y al dezir, *Beata sit Sancta Trinitas*, y por todo un nuevo sentir, una nueva devoción mayor y a lacrimar, no alzando el entendimiento a las personas divinas, en quanto distintas ni por distinguir, ni vaxando a la letra; mas me parecía la visita interior, entre su asiento arriva y la letra. Dia 1:128 y así, andando consecutive con muchas lágrimas continuas, me parecía que no tenía licencia para mirar arriva, y aquel no mirar arriva, mas en medio, me crecía la devoción intensa con intensas lágrimas, teniendo y creciendo acatamiento y reverencia a las visiones de arriva, y con venirme cierta confianza que se me daría licencia, o se me manifestaría a su tiempo —sin yo lo procurar—» [MI III, 1, 119; II, 97ss.].

revelado en Cristo Jesús cuando el Creador se hace criatura. Es entonces cuando se produce el movimiento de descenso de Dios a las criaturas, y de este modo, el «arriba» se convierte en el asiento donde todas las cosas convergen en unidad. De ahí, explica Rahner, «brota el sentimiento teológico de la orgánica armonía de las verdades reveladas que fluyen en delante de la inefable *liberalidad* de Dios»[29]. Escribía san Ignacio: «Yo consideraba, sentía dentro de mí mismo y penetraba en espíritu, todos los misterios de la fe cristiana» [FN II, 123].

La imagen de Dios que es usada aquí es la de Dios como fuente[30] (imagen que, por otro lado, es frecuente en los místicos): Dios es la abundante fuente de gracia, «fuente universal» [MI I, 308] de todas las cosas sobre la tierra, «fuente de sus misericordias» [MI I, 496].

Y aquí mismo es donde se da el movimiento, la antítesis dialéctica entre «arriba» y «de arriba». «Arriba» es el asiento de Dios, pero de un Dios del que descienden todas las cosas. «Era solo en este movimiento desde "arriba" de donde todas

---

[29] «Von da aus erfaßt er in einem theologischen sentimiento der organischen Einklang der aus Gottes unsälicher *liberalidad* ausströmenden Wahrheiten der Offenbarung» [en Rahner, 1959: 216].

[30] Esta imagen de la fuente es usada precisamente por Przywara para hablar de la analogía: «Cuando yo voy a lo largo de un río hasta la fuente que está más arriba, voy al mismo tiempo "a lo largo de" y "hacia arriba", mientras que el río viene de arriba abajo, permitiéndome así al mismo tiempo ir "de nuevo" a su fuente y bajar "otra vez" con él». Se da así un doble ritmo. Primero —en el sentido del "ana"— un movimiento de ir hacia y de vuelta en un plano horizontal. Pero también —en el sentido del "an-o"— un ritmo entre "sobre" y "en", o más exactamente entre "arriba" y "abajo". Así, lo horizontal y lo vertical se cruzan. Por lo tanto, como consecuencia de estas tendencias que se juntan en su ritmo, lo último formal de la analogía está en cierto modo en la "cruz de las coordenadas", que expresarían el ritmo de esas tendencias» [Przywara, 196: 103ss]

las cosas de la circunferencia de la tierra venían a ser transparentes en lo que ellas realmente eran criaturas que existían en Dios solo y procedían de Dios solo»[31].

«Arriba» es también el asiento del hombre en gracia, de los que han encontrado a Dios y se han puesto a su disposición, porque ellos mismos están enteramente en Él.

De este modo, el hombre en gracia que tiene su asiento «arriba» ve las cosas «abajo» en la medida en que emanan de Dios «de arriba». Se trata de un proceso cósmico donde la salvación, en la persona de Cristo, baja del Creador y retorna a Él. Lo expresa así el P. Rahner: «Dios, que se ha velado a sí mismo en sus criaturas, puede ser revelado solo si este velo es levantado»[32]. Así, gracias a Cristo, Criador y Señor de todas las cosas, es como conocemos a Dios y a las criaturas en Él.

Sin embargo, la nota característica de la teología de Ignacio no es tanto el ascenso místico de las criaturas a Dios, sino el camino de descenso. Pero esta clave mística del «arriba» nos ayuda a situar el lugar de Cristo.

2. «Más en medio»

2.1. La dialéctica hipostática

El siguiente paso que da nuestro autor es explicar cómo el «arriba» de la cosmovisión ignaciana solo se entiende desde

---

[31] *Von diesem Oben aus werden erst "alle Dinge auf dem Rund der Erde" in ihrem nur in Gott und im Ausgang aus Gott erfaßbaren Wesen durchsichtig* [Rahner, 1959: 216].

[32] *Gott, der sich in seine Geschöpfe verhüllt, kann nur in der Enthüllung seiner Geschöpfe gefunden werden* [Rahner, 1959: 219].

el medio, donde está la Iglesia, y en la Iglesia, Cristo Mediador. En Cristo, lo humano y lo divino son uno, *inconfuse et indivise*. Por esto, explica Rahner, san Ignacio aparece esta vez como el icono de la doctrina de Calcedonia.

El 7 de marzo de 1544 aparece en el *Diario* esta frase que expresa su ilustración interior cuando había celebrado la Santa Misa:

> Me parecía que no tenía licencia para mirar arriva, y aquel no mirar arriva, mas en medio, me crecía la devoción intensa con intensas lágrimas, teniendo y creciendo acatamiento y reverencia a las visiones de arriba [MI III, I, 19; II, 4-7].

Entre el «arriba» del asiento de reposo en Dios y la «letra» de su misal, su contemplación se torna ahora al «medio», Cristo Mediador.

Arriba y abajo están vinculadas con la actividad mediadora del único mediador. Otras expresiones en san Ignacio –«acá» y «allá»– explican el mismo concepto teológico: «Me parecía ver más claro, más allá de los cielos que lo que acá quería considerar con el entendimiento, ilustrándose allá, como dije» [MI III, 1, 118; 11, 59-61].

Lo que viene a explicar Hugo Rahner es que entre el «allá» y el «acá», el «arriba» y «debajo» de Ignacio, está ese «entre» que es Cristo Mediador. En Cristo ha sido destruido el muro que existía entre el «arriba» y el «abajo». En Cristo dos cosas se han hecho una [Ef 2, 14].

Ve san Ignacio que en Cristo se da un «acceso notable» al Padre [MI III, 1, 88; 11, 30-33]. Es la doctrina del acceso, *prosagogé*, que aparece en san Pablo: «Pues por él, unos y otros tenemos libre acceso al Padre en un mismo espíritu» [Ef 2,18] y más adelante «quien, mediante la fe en Él nos da valor para llegarnos confiadamente a Dios» [Ef 3,12].

Desde la encarnación de Dios el acceso al Padre queda eternamente vinculado a Cristo. No le es posible a nadie evitar a Cristo. Todo inmediato contacto con el Padre queda eternamente mediado por la humanidad del Hijo de Dios [Rahner, 1961: 47-59].

Le parece a san Ignacio que Cristo se sitúa entonces «como si estuviera desde fuera de la radiante luz del «arriba», para revelarse como el Mediador que está de "cara" a la Trinidad y que está a los pies de la Trinidad y "ofreciendo las oraciones al Padre"»[33]. San Ignacio contempla místicamente de este modo la perijóresis trinitaria[34].

Este acceso a lo celeste, solo por la humanidad de Cristo, este misterio de Cristo Mediador, no significa una interferencia a Dios Padre, no disminuye la unión a él, al contrario, se plenifica. «La devoción que termina en Jesús no disminuye la devoción a la Santísima Trinidad –y al revés también es verdad» [Przywara, 1938-1940: 422ss]. En este sentido se entiende la indivisibilidad del Concilio de Calcedonia.

Así percibía a Cristo en su alma: «No en su humanidad solo, sino como siendo todo mi Dios» [MI III, 1, 109, II, 13ss].

---

[33] *Und eben hierin tritt dann Jesus sozusagen aus dem blendenden Licht des Oben heraus, um sich als der Mittler zu enthüllen, der der Dreifaltigkeit* gegenüber *steht, der* zu Füßen der Dreienigkeit *ist, der «dem Vater die Gebete darbringt»* [Rahner, 1959: 222-223]

[34] «En virtud de la perijóresis, compenetración de las personas singulares, no puede una de ellas entrar en relación con nosotros, sin que al mismo tiempo entren en relación también las otras»; «La perijóresis, que significa también unidad en la trinidad, delata un modo de pensar entre los griegos determinado por el concepto temporal y dinámico; la perijóresis es vida que fluye» [Scheeben, 1957: 193 y 161, nota 2].

2.2. Cristo «Criador y Señor»

En este sentido se entiende también porqué san Ignacio siempre que habla de Dios como «Criador y Señor» se está refiriendo a la segunda persona de la Trinidad[35]. En el mismo sentido, en las *Constituciones*, siempre habla de Jesús como «su Divina Majestad» y en la contemplación de la llamada del Rey de los Ejercicios se dirige a él como «Eterno Señor de todas las cosas» [EE 98]. y plantea al ejercitante considerar «cómo de Creador ha venido a hacerse hombre» [EE 53].

Cristo «Criador y Señor» no es más que la denominación mística del misterio que Cristo vive en su unión hipostática. Pero no se trata de una despreocupación del lenguaje teológico en san Ignacio, sino que es la expresión de una experiencia mística de la *comunicatio idiomatum* [1959: 224]. Cristo Mediador ante el Padre es también Criador y Señor en virtud de la unión de las personas divinas. Ahora bien, esto no quita, por otro lado, que el Padre sea el fin de todas las cosas. La misma oración que san Ignacio pide al ejercitante en los coloquios de los Ejercicios es una oración de ascenso que termina en el Padre (María – Jesús – el Padre). Así lo ha expresado profundamente el P. Hugo Rahner en su artículo sobre la visión de la Storta [Rahner, 1935; 1964: 53-108; 2019: 41-118]:

> El misticismo trinitario de Ignacio es siempre un volver a Dios, pero de tal modo que el eterno Padre es la meta final. Y toda oración y contemplación está dominada por un fino sentimiento del lugar especial del Hijo Eterno, que es reconocido como

---

[35] Esta expresión ha sido estudiada en distintos artículos por otros autores anteriores a Hugo Rahner [1962: 256-257], sobre todo en Solano [1956: 325-342].

el mediador humano y guía al Padre y abraza nuestra alma en
el Espíritu Santo y llevándonos con él mismo (el significado
místico del *conmigo* de la meditación del Rey) a casa con el
Padre [Rahner, 1935: 86][36].

Este es el trasfondo y el significado teológico de las gracias
místicas recibidas por san Ignacio en Manresa y La Storta:
estar con Jesús para servir al Padre. He ahí la esencia también de su espiritualidad [Guibert, 1955]. Es el Padre quien
asocia a san Ignacio a Jesús. Por eso, dice Rahner, podemos
entender por qué solo puede ser el Padre quien dijera las
decisivas palabras de la Visión de la Storta, que concuerdan
con la mística de Ignacio cuando Jesús como revelador del
Padre recibe la comisión del Padre: «Quiero que tomes a este
hombre por tu servidor» y Jesús responde que ese servicio es
"a nosotros" ("quiero que tú 'nos' sirvas") de tal modo que la
ejecución pertenece al Hijo, pero la concesión al Padre, que
finalmente dice estas palabras: «Yo os seré propicio en Roma»
[1935: 94].

2.3. Cruz de Cristo, acceso al Padre

En la visión, Cristo con la Cruz toma a Ignacio en su servicio.
Esto nos da paso a otro rasgo esencial de la cristología.

---

[36] *Deswegen ist wahre trinitarische Mystik immer ein Heimkehren zu Gott
–aber so, daß der ewige Vater das Endziel ist. Und das ganze Beten und
Schauen ist beherrscht von einem feinen Sinn für das Besondere der Stel-
lung des ewigen Sohnes, der als menschlicher Mittler und Führer zum
Vater erkannt wird –der im Heiligen Geist unsere Seele ergreift und mit
sich (die mystiche Bedeutung des «mit mir» in der Königsbetrachtung [Nr.
95]) zum Vater heimführt.*

La tensión de esta dialéctica hipostática se expresa en una nueva antítesis, la de la Cruz y el sufrimiento. Para ir al «arriba» del Padre, hay que sumergirse en el abismo de descenso del Criador, en su muerte en Cruz abajo: «el Creador y Señor es el hijo de la Virgen que se hace pobre»[37], «él es el Creador y Señor crucificado»[38], «el Creador que murió»[39].

Es la cuestión que San Ignacio plantea al ejercitante al final de la primera semana. Cuestión, dice el P. Hugo Rahner, que toda reflexión teológica debe plantearse: *«Cur Deus homo?»* [Rahner, 1957: 5-7].

La teología ignaciana ve así un camino de descenso del «arriba» al «abajo». Cristo desciende a la tierra y muere crucificado. El misterio de la divinidad se oculta en el «abajo» del sufrimiento y de la Cruz. El *asiento* del Padre torna desde el solio real en un dinamismo de descenso *de vida eterna a muerte temporal* [EE 53; 106]. El Criador es despojado de toda majestad. De este modo, hallando a la divinidad oculta en Cristo pobre, el hombre puede elevarse al arriba, a la vida celeste Y en el mayor abismo de descenso, en la Eucaristía, el hombre encuentra ese salto hacia la fuente «arriba». Su vida terrena abajo, la de Cristo y la del hombre que lo en-

---

[37] En *Deliberaciones sobre la pobreza*: Cristo es aquí llamado «Hijo de la Virgen, nuestro Criador y Señor tanto pobre» [MI III, 1, 79]. Para esta teología de la cruz, también: la *expoliatio gloriae* en la encarnación [MI, 1, 124]. «La Palabra deshaziéndose en un cierto modo la felicidad perfectísima de sus bienes» [MI I, 1, 502].

[38] *Examen Generale* IV, 11 (MI III, 3, 20): *Ut omnia suo Creatori et Domino ipsorum salute crucifixo serviant.*

[39] MI I, 1, 193. «Mirando con infinito amor como Criador a su creatura, pues que siendo infinito y haziéndose finito quiso morir por ella»; MI I, 3, 510: «Servimos a su divina Majestad que muere para la vida de las almas».

cuentra abajo, brotará para la vida eterna [cf. Jn 4,14]. «El arroyo retorna hacia su fuente»[40].

3. «Abajo». Dialéctica de la naturaleza y de la gracia

Cristo Mediador hace ver las cosas en el «arriba» del Padre. El Criador y Señor ha descendido a todas las cosas, dentro de todos los elementos, dentro del «corazón del mundo», constituyéndose así como el Eterno Señor de todas las cosas.

De este modo, el «abajo» significa aquí la tierra, el mundo: los elementos primarios, los animales, todas las cosas. Todo le pertenece al Eterno Señor y todas las cosas deben dirigirse hacia Él como su fin. Y Cristo Mediador revela las cosas en la situación en la que se puedan encontrar: lo que haya sido inundado por Cristo, como transparente al Padre, o lo que no ha sido alcanzado todavía por Cristo y se halla lejos de Él, trasparente solo para el otro padre, el demonio [Rahner, 1959: 226]. Esta teología de Ignacio ayuda, según Rahner, a superar un humanismo centrado exclusivamente en el mundo «abajo» que no llega a percibir las cosas en su más plena realidad [Rahner, 1959: 234].

Desde la expresión del *Diario*, «abajo» significa o se denomina la «letra»: «la visita interior, entre su asiento arriva y la letra» [MI III, 1, 119; II, 97]. En su mística, Ignacio está viendo la letra, no en un sentido literal o material, sino en su transparencia en el Padre, «arriba». Letra es todo lo alcanzado por Cristo y que es arrastrado en la corriente que fluye como caudal en el dinamismo de ascenso al "arriba" por el Espíritu Santo. Pero, en el momento que escribe en el *Diario*, la "le-

---

[40] «Der Bach kehrt zurük zur Quelle» [Rahner, 1959: 226].

tra" –que era en cuestión el texto de la Misa votiva de la Trinidad– significa «lo visible, la institución eclesiástica con sus externas formas terrenales»[41]. La «letra» en el «arriba» debe cristalizar y tornarse rígida, pero la letra –y aquí es donde Rahner señala una nueva tensión en la teología ignaciana– «en el contexto de la historia de la salvación es aún la letra que mata (2 Cor 3,6), porque se había endurecido tanto que ya no lo podrían licuar las fuentes que brotan hacia arriba»[42].

Esta tensión que produce Cristo en su descenso a las cosas del mundo se torna ahora como la tensión entre la naturaleza y la gracia. En este punto, Hugo Rahner explica cómo san Ignacio se muestra en su vida como el icono también del equilibrio entre la naturaleza y la gracia. Se trata de la «nueva inteligencia» que le fue concedida en la «eximia ilustración» del Cardoner y que configura su vida en adelante. Un modo de ver las cosas y de obrar en que el concurso de la naturaleza humana está íntimamente unido a la voluntad amorosa divina, pero que usa de los medios humanos por ser el modo en que obra la providencia con el hombre[43].

---

[41] *Letra ist das Sichtbare, das irdisch Geformte und Gewordene, das Kirchliche* [Rahner, 1959: 227].

[42] *Buchstabe ist, heilsgeschichtlich gesehen, sogar zum tötenden Buchstaben (2 Kor 3, 6) geworden, weil er sich nicht mehr liquid machen ließ vom Quell, der nach oben springt* [Rahner, 1959: 227].

[43] El P. Polanco, secretario de san Ignacio que asumió a la perfección el espíritu del santo, describe este concurso entre la naturaleza y la gracia en una de sus *Industrias* (instrucciones previas a las *Constituciones*, importantes para calibrar el pensamiento de san Ignacio). Se trata de una aplicación práctica que ilumina el sentido de la gracia divina y la colaboración humana. Dice así sobre el uso de medios humanos: «Aunque comparando medios espirituales con humanos, cuales son letras, elocuencia o modo de hablar, prudencia e industria, etc., se prefieren los

Podemos decir que la teología mística que nos describe el *Diario* hunde sus raíces en el período de la vida del peregrino Iñigo en Manresa. Unas palabras acerca de lo que sucedió en su alma pueden servir de síntesis a la mística teológica del santo. En Manresa «fue especialmente ayudado informado e ilustrado interiormente de su divina majestad, de manera que comenzó a ver con otros ojos todas las cosas» [MI IV, I, 105]. Tras un período tranquilo le llegó a Ignacio un período de grandes luchas interiores que desembocaron en un tercer período de ilustraciones trinitarias, culminado con la visión del Cardoner. Rahner describe el desarrollo de la imagen de Dios que queda en el alma del santo [Rahner, 2021: 197ss]. Lo primero que menciona Ignacio es la visión de la Santísima Trinidad, donde Dios se le descubre. A esto le sucede la inteligencia mística de las cosas criadas del Dios trino. Ahora es la creación la que se le descubre y el modo en que Dios las ha creado, saliendo y volviendo al Dios trino. Y así entiende a Cristo como el mediador, el «Eterno Se-

---

espirituales, todavía son después de los unos, necesarios los otros, y muy especialmente a nuestra Compañía por tratar con tan varias suertes de personas de cosas importantes, donde es de gran momento el acertar o errar. Y aunque si Dios concurriese con tanta abundancia de gracia que supliesen todos los defectos humanos, no habría necesidad de ellos; porque vemos que su providencia comúnmente no nos rige así, antes quiere ser glorificado y servido con lo que él nos dio en cuanto criador, id est, con la natura y lo aquisito por vía natural, y no solo de lo que él nos da en cuanto es autor de la gracia, es menester que procuremos los unos medios y los otros, ejercitando lo natural con diligencia, aunque se ponga más esperanza en lo supernatural de su ayuda y gracia: así que, resumiendo, ultra de los medios de devoción, los humanos son necesarios para conservar a la larga la Compañía» [MHSI, *Polanci Complementa*, I, Industria XII].

ñor de todas las cosas» [EE 98]. A esto se le une, dice Rahner, «la mística visión de la humanidad de Cristo y claramente separada una de otra, así su figura terrena como también su presencia sacramental en el misterio de la Iglesia» [Rahner, 2021: 84]. En el fondo, se trata de una vista sintética de las verdades reveladas, que respeta la dinámica propia de la revelación. Dios trino y su morada en todas las cosas, revelado en su Hijo, por el Espíritu y esto en la Iglesia [Rahner, 2021: 187].

CAPÍTULO IV.
La tensión de lo «máximo» y lo «mínimo»

1. Introducción

Como vamos diciendo, san Ignacio es visto como el hombre del equilibrio de tensiones. Esto está recogido en la ya mentada máxima que el P. Rahner ha estudiado y que está presente de modo fundamental en todos sus escritos sobre san Ignacio y su teología: *non coerceri maximo contineri tamen a minimo divinum est.*

La máxima es el mejor resumen para toda la teología del «arriba» y el «abajo» del *Diario* espiritual que hemos presentado antes, así como la mejor descripción, según Rahner, de toda la figura de Ignacio, su vida y doctrina. Veamos cómo llega a formarse en la vida de san Ignacio esta expresión de tensiones que recoge esta máxima y su significado teológico en los escritos del Santo, según lo describe Hugo Rahner.

Para ello, es importante descubrir cómo llega a formarse en el corazón de Ignacio la imagen de Cristo, y cómo el conocimiento interno de Cristo a lo largo de su vida le irá dando una visión nueva del misterio del Hijo de Dios y de su Iglesia.

La imagen ignaciana de Cristo y el origen de la frase. Son dos aspectos que investigó el Padre Rahner. Unidos y dependientes uno de otro. La imagen de Cristo que, según Rahner, se va formando en Ignacio quedará resumida en la frase que un poeta alemán colocaba en el pórtico de su obra más famosa. Hugo Rahner explicó en un artículo [Rahner, 1946-1947: 321-337; 1964] el origen, hasta entonces desconocido, de esta máxima, famosa sobre todo a través de la obra de F. Hölderlin.

1.1. El Cristo de la transformación de Ignacio

1.1.1. La transformación de Ignacio

Lo «máximo» y lo «mínimo» es en primer lugar una obra creadora y santificadora que la gracia realiza en el propio corazón del Santo. El Espíritu va transformando a Iñigo en el hombre de lo máximo que se entrega con todo su ardor a las cosas mínimas.

En un pequeño y precioso librito [Rahner, 1947], publicado en el mismo año (1947) que el artículo en el que investiga la máxima del Epitafio, el P. Rahner explica el itinerario que acontece en el interior de san Ignacio de Loyola, las influencias externas, religiosas, culturales y familiares que inciden en el alma del Santo, en definitiva, «la historia del corazón cristiano», como dice nuestro autor [Rahner, 2021: 30]. Y cómo, además, ese corazón recibe la influencia mística «desde arriba», esto es, la obra del Espíritu Santo en el corazón de Iñigo de Loyola. Es esta gracia la que transforma su ideal de perfección. El fuego del amor sin límites de los primeros tiempos de la conversión de Iñigo de Loyola se torna, por obra de la gracia, especialmente en el don místico de Manresa, en el *amor discreto*. Explica el P. Rahner: «La sistemática aspiración ilimitada del amor, que impulsa al *magis*, queda limitada ahora por el ideal de servicio en la Iglesia visible». «En su gracia mística –continúa Rahner– estaba escondido lo más profundo de su ideal de perfección: no conocer límites en lo más grande y, sin embargo, estar circunscrito a lo más pequeño, eso es lo divino» [Rahner, 2021: 14].

Así ve nuestro autor que el ideal de la frase del Epitafio se cumple a lo largo de la vida de Ignacio en su transformación mística interior. La gracia le introduce en el catálogo de los Santos que han dispuesto el espíritu en el servicio a la Iglesia visible y que este mismo espíritu se ha convertido en el ideal de perfección. Cristo ya no es solo un modelo, sino alguien al que, de hecho, se puede seguir; y este seguimiento se produce en la Iglesia militante:

> El rey eterno Cristo se le mostró antes en Loyola tan solo como un modelo a imitar y el ejemplo de su magnánima Pasión, como para los santos todos a través de los siglos, el motivo de compasión amorosa. Pero desde ahora es para él este rey un viviente, que hoy y siempre obra activamente, que ha cumplido perfectamente la misión encargada por su Padre, de someter el mundo entero [Leturia, 1941: 26].

Explica Rahner que, en este punto, donde lo máximo se contiene en lo mínimo de un modo vital y dinámico, es donde está la originalidad de la gracia en Ignacio y la radical distinción de otras formas o imágenes del ser cristiano:

> Por eso se diferencia Ignacio tan radicalmente de la *Devotio Moderna,* cuya, por así decirlo, amorfa *Imitatio Iesu,* se trasforma completamente en Ignacio, tras Manresa, en el seguimiento de «*Christus praesens in Ecclesia militante*», de Cristo presente en la Iglesia militante. El Reino de Cristo es la Iglesia, y en ella convergen todos los demás misterios (...) se convierte en Igna-

cio, el hombre de Iglesia. Todavía se puede circunscribir esto
más exactamente, si atendemos a lo *formal* de esta transformación. Lo ilimitado de su *«magis»*, que hasta ahora se había
desbordado casi de una manera mortal en obras de penitencia,
en vagos planes de cartujas, en peregrinaciones a pie descalzo,
se ciñe, por virtud de la mística manresana, a los límites del
reino visible de Cristo, a la Iglesia, incluso en lo *«razonable»*
[Rahner, 2021: 120].

1.1.2. El Rey viviente y activo

La gracia mística que san Ignacio recibe posteriormente en la
capilla de La Storta supone una confirmación de la gracia de
Manresa. El seguimiento de Cristo que Ignacio y los primeros
compañeros querían realizar en sus planes de ir a Jerusalén,
se concreta místicamente, de alguna manera, a través de esta
gracia que ira entendiendo poco a poco, en el seguimiento
de Cristo que se da en la Iglesia visible y de modo concreto
en el Papa: «Yo os seré propicio en Roma» [MNad IV, 649; V,
136.].

En fin, de la conversión y transformación interior de Íñigo
de Loyola se viene desprendiendo un aspecto cristológico: el
Cristo de Íñigo de Loyola pasa de ser un «modelo a imitar» al
«Rey viviente y activo» [Rambaldi, 1956: 105-120]. La primera
imagen de Cristo, modelo de vida, que constituye un elemento esencial de la vida cristiana[44], le viene a san Ignacio de dos
influjos. Por un lado, de abajo, el influjo de su propio origen,
estirpe, educación en la vida del servicio y la disciplina. Por

---

[44] Ya lo explicita la teología de san Pablo en numerosas ocasiones. Por
ejemplo: Rom 8,29; Rom 8,5; Gál 3,27; Gál 4,19; Ef 1,3-5.

otro lado, el influjo lateral, de la tradición cristiana, donde recibe influencia de la piedad de la España de los Reyes Católicos y de Cisneros, y sobre todo en las lecturas de la *Vita Christi* del Cartujano y del *Flos Sanctorum* en su convalecencia en Loyola. Cristo, Rey, valiente caudillo, modelo a seguir e imitar. Para ello le alientan, sobre todo, la emulación de los santos como santo Domingo, san Francisco y san Onofre.

Pero su transformación se produce, sobre todo, por el don místico de «arriba» en Manresa, donde Cristo es y será en adelante para Ignacio sobre todo, el *Kyrios*, el Señor que vive y actúa en la Iglesia e intercede por nosotros ante el Padre.

Este Cristo, rey viviente y activo, es el Creador y Señor de todas las cosas a quien Ignacio contempla en cruz. Este es el Cristo que quedará plasmado en el libro de los Ejercicios Espirituales. Allí su presencia acompañará al ejercitante de principio a fin.

2. El Epitafio de Loyola

2.1. Introducción

Un paso nuclear en nuestro estudio de la cristología de san Ignacio en Rahner pasa por sus investigaciones en la obra y persona del poeta alemán Hölderlin. Es un punto clave para entender el conjunto de lo que venimos explicando. Está en la entraña de todo el pensamiento de Rahner y, por tanto, de su idea de Dios y de su cristología.

La obra literaria de Friedrich Hölderlin, curiosamente tiene en el pórtico de su conocido *Hiperion* [Hölderlin, 1987] la frase que nos ocupa acerca del adalid de la reforma católica, san Ignacio de Loyola.

Hölderlin, nacido en Lauffen (Alemania) en 1770, se ha convertido en uno de los poetas alemanes más universalmente conocidos, siendo exponente del romanticismo germánico. En su paso por el seminario de Tübingen obtuvo el diploma de teólogo (1793) aunque no terminó la carrera eclesiástica. Pero este lugar fue de gran enriquecimiento para él y su poesía. Allí compartió habitación con Hegel y Schelling y allí descubrió la cultura humanística, convirtiéndose en un poeta griego de habla alemana. Un rasgo muy parecido, por cierto, posee el P. Rahner.

Muy influido por Platón y por la mitología y cultura helénicas, se apartó sensiblemente de la fe protestante. Asistió a clases impartidas por Fichte, y Schiller le publicó un fragmento del *Hiperion* en su revista *Thalia*.

«Hyperion», cuya versión novelada completa apareció entre 1797 y 1799, es hoy su obra más celebrada y una de las que ha conocido más versiones de cuantas registra la historia. A través de cartas se narra la experiencia de un joven griego, Hiperion, que quiere combatir contra la dominación turca hasta que la barbarie de la guerra le sobrepasa. Detrás se esconde una visión sobre la evolución de la historia.

Alguien ha descrito así el fondo filósofico de la obra:

> La obra recorre un fondo ontológico donde las vías excéntricas –desviación con respecto a un centro– que recorre Hyperion se dividen en dos extremos que son, por una parte, la fusión en el Uno-Todo, y, por la otra, el conflicto con el Uno-Todo, ya sea bajo la forma de un dominio infinito de todas las cosas, ya sea bajo la forma de una entrega infinita a todas las cosas. La novela reclama que tales vías excéntricas tienen en definitiva un solo y mismo centro que las unifica y resuelve la contradicción [Taminiaux, 1967].

Rahner se dedicó a investigar la procedencia del pórtico del *Hyperion*. Hölderlin era dado a ser enigmático. Esto casi formaba parte de su poesía. Sus palabras, sobre todo en sus epílogos, debían mostrar y ocultar a la vez. Debían ser enigmáticas para los principiantes y esclarecedoras para los que podían entender su obra. Todo ello proporcionaba un aura mágica a sus escritos.

El logro de Rahner consistió en averiguar la procedencia de la frase del *Hyperion* y con esto, sentar una vía de conexión más probable que explicase el encuentro entre Hölderlin y el santo de Loyola. Sin embargo, el mismo Rahner reconoce que ese camino de uno a otro está aún por esclarecer en su totalidad. A pesar de todo, los estudios de Rahner han servido a muchos para profundizar en el modo en que el espíritu de Ignacio y el del poeta alemán llegaron a tocarse[45].

---

[45] Una de las posibles vías de influencia en Hölderlin es quizás la lectura del *Fedro* de Platón, tanto como el *Banquete*, a la luz de la teología de Marsilio Ficino. Es importante en nuestra exposición porque la máxima del epitafio de Loyola repercute a su manera en el círculo espiritual de Ficino (y la relación entre macrocosmos y microcosmos) y así, éste a su vez en Hölderlin. Es decir, la vía de conexión entre el epitafio de san Ignacio y Hölderlin puede ser el humanismo renacentista que, por separado y de modo distinto, alcanza a cada uno. «Ficino, autor heredero del neoplatonismo antiguo y del neoplatonismo cristiano, principalmente del Pseudo-Dionisio, al que presenta como autor de las siguientes tesis simples. 1) Platón, muy anterior al nacimiento de Jesús, fue beneficiario de una inspiración (manía) divina. Dívus Plato 2) Platón no era un filósofo. Fue enteramente un poeta y un profeta. Es un Moisés hablando en griego, de la misma manera que es un heredero de Orfeo, Hermes, Zoroastro y los sabios de Egipto. Este sincretismo se halla en los primeros poemas de Hölderlin. 3) La instancia ontológica última es Dios, cuyo nombre es lo Uno, inefable, incorruptible, simple y estable; pero esta unidad se difracta y se refracta en un cierto número de hipóstasis que emanan por grados» [Taminiaux,1967].

2.1.1. El *Elogium sepulcrale Sancti Ignatii*

En una primera aproximación sus investigaciones dieron con el nombre del cardenal Belarmino. San Roberto Belarmino fue uno de los impulsores del culto oficial del sepulcro de Ignacio en el Gesù en 1599 y la beatificación de Loyola en el año 1609 es un mérito personal suyo. Otro dato, este negativo, nos habla de la presencia de Belarmino en los estudios de los seminarios luteranos. Belarmino era de algún modo el icono de la doctrina católica frente a la protestante. Por esta razón, Hölderlin puso el nombre de Belarmino al adversario de *Hyperion*.

Pero lo revolucionario de las investigaciones del P. Rahner fue el redescubrimiento de la *Imago primi saeculi Societatis Iesu*[46]. Se trata de una publicación de 1640 de los jesuitas de la provincia belga de Flandes. En un lenguaje barroco, incómodo para nuestros días, se guarda memoria de los cien primeros años de la Compañía de Jesús. La *Imago* está formada por una colección de ensayos poéticos de jóvenes jesuitas anónimos que se quedaron en Flandes. Y, de entre ellos, una lista de elogios literarios sobre los diez primeros hombres de la orden. El primero, está dedicado a san Ignacio de Loyola y lleva el título *Elogium sepulcrale Sancti Ignatii*. A lo largo de 95 líneas, se pondera al santo, luego su vida y finalmente se convierte en oración rogativa al fundador de la Orden.

El texto completo acerca de la máxima que estudiamos es el siguiente[47]:

---

[46] El título completo es *Imago primi saeculi Societatis Iesu a Provincia Flandro-Belgica eiusdem Societatis repraesentata* (1640).

[47] El texto original dice: *Cuius animus vastissimo coerceri non potuit uius orbis ambitu, eius corpus humili hoc angustoque tumulo continetur.*

Su espíritu
no puede ser limitado a la circunferencia de la tierra,
su cuerpo
yace encerrado en esta estrecha humilde tumba.
Crees tu que Pompeyo es grande, o Cesar o Alejandro,
ve ante tus ojos la verdad: más grande que todos ellos fue
Ignacio
No estar limitado por lo máximo y, sin embargo,
estar contenido en lo mínimo, eso es lo divino.

El elogio continúa así:

En la virtud el más grande, en la humildad el más pequeño,
el ancho mundo se le quedó estrecho
y la estrecha sepultura romana le hizo inmensamente santo.
Su corazón fue más grande que el espacio de esta tierra,
y a menudo le exigió romper las fronteras del mundo y del
tiempo,
para descubrir la obra de su amor a Dios.
Se tenía a sí mismo por el más pequeño de los más pequeños,
y siempre suspiró por un rincón escondido,
que fuera inferior al de una sepultura corriente,
Para allí enterrar su penoso cuerpo.
Para el espíritu el cielo. Roma para el cuerpo.
Su espíritu, que añoraba para Dios la gloria más grande de lo
alto,
dio al cielo algo más grande que lo máximo.
Su cuerpo, que murió en la máxima humildad y pobreza
dio a Roma los límites y la fuerza de la virtud

[Rahner, 1946-1947: 424-425].

Qui magnum aut Pompeium aut Caesarem aut Alexandrum cogita, aperi oculo veritati: maiorem his omnibus leges Ignatium. Non coerceri maximo, contineri tamen a minimo divinum est.

La *Imago primi saeculi Societatis Iesu* fue usada por los enemigos de la Compañía de Jesús, especialmente en el siglo XVIII a partir de la disolución de la orden, para demostrar que los jesuitas se hundieron en su propio orgullo [Rahner, 1946-1947: 425].

Esta es pues la influencia del *Elogium sepulcrale* en Hölderlin, que asume, a la medida del receptor. Es decir, desde la barrera luterana y romántica, más cercana a un subjetivismo, casi en una dialéctica y cierto idealismo de ensueño pero que no termina de engarzar con un realismo cristiano, el de la objetividad del Dios accesible por los sentidos.

2.1.2. De Hölderlin a San Ignacio

Veamos a continuación cómo en la descripción que el epitafio hace de san Ignacio el poeta Hölderlin ve coincidir lo que él mismo intuye y su espíritu poético experimenta. Se trata de una coincidencia existencial en el hondón poético de Hölderlin: lo que se expresa de san Ignacio y la correspondencia que esta expresión tiene en su corazón.

Un primer elemento a tener en cuenta es que la figura de *Hyperion* se identifica con la persona del propio Hölderlin. *Hyperion* es Hölderlin. Este dato ayuda a entender el mundo interior del poeta desde su obra. Y no solo eso. *Hyperion* es Hölderlin y lo que a Hölderlin le gustaría ser, el mundo interior de sus deseos y anhelos más profundos. Grecia es, entonces, no solo un lugar geográfico. Es el mundo que casi todo idelista busca. El lugar donde el espíritu se puede elevar a lo divino. *Hyperion,* el protagonista, es allí el hombre que quiere romper la estrechez de lo «pequeño» terrestre para hallar el camino de lo «máximo», de la sencillez de una unificación con Dios y la naturaleza. «Él quiere siempre ser más grande que el universo, pero a la vez seguir humano; quiere elevarse sobre todo lo terreno y a la vez acampar entre las bellas flores de Grecia» [Rahner, 1946-1947: 426]. Así se expresa el mismo Hölderlin en un prólogo más tardío del *Hyperion*:

Hemos sido destruidos con la naturaleza y lo que en su día fue, como se puede creer, ahora se contradice, y dominio y servidumbre se combinan en ambos lados. A menudo sentimos como si el universo fuese todo y nosotros nada, a menudo también como si nosotros fuésemos todo y el mundo nada. Ese eterno antagonismo de vencer entre nuestro yo y el mundo, la paz de todas las paces, que es más importante que toda razón, el acercarnos de nuevo para unir nuestra naturaleza en un todo infinito: esa es la meta de todos nuestros esfuerzos, tanto si lo queremos comprender como si no [Rahner, 1946-1947: 426][48].

Para Hölderlin el hombre se halla entre lo espiritual y lo terreno, entre lo máximo y lo mínimo. Entre unas ansias desmesuradas de salir del mundo y la nada. Un poético ejemplo de Hölderlin explica esta postura existencial del ser humano. El hombre es como un niño que se halla protegido por su madre contra los rayos del sol con una manta. Pero el niño

---

[48] *Wir sind zerfallen mit der Natur, und was einst, wie man glauben kann, eins war, widerstreitet sich jetzt, und Herrschaft und Knechtschaft wechselt auf beiden Seiten. Oft ist uns, als ware die Welt alles und wir nichts, oft auch, als wären wir alles und die Welt nichts. Jenen ewigen Widerstreit zwischen unserem Selbst und der Welt zu endigen, den Frieden alles Friedens, der höher ist als alle Vernunft, den wiederzubringen, uns mit der Natur zu vereinigen zu einem unendlichen Ganzen: das ist das Ziel all unseres Strebens, wir mögen uns däruber verstehen oder nicht* [Hölderlin, 1923: 545].

retira la manta y mira inmóvil la luz incandescente, hasta que dañado por la luz vuelve sus ojos doloridos a la tierra [Rahner, 1946-1947: 427]. El hombre estaría entre esos rayos del sol y los dolores terrenales. Entre el deseo de la luz y el dolor que le provoca mirarla y no poder sostener la mirada. Y siempre quiere ambas cosas [Rahner, 1946-1947: 426].

La solución de la dialéctica del genial Hölderlin se encuentra precisamente en el amor. Parece subyacer aquí el mito del Eros de Platón, leído por Hölderlin. El amor es lo único que puede resolver la tensión y poner el equilibrio necesario en la balanza:

> Pues si lo divino en nosotros no fuese limitado por una resistencia no sabríamos nada fuera de nosotros, ni sobre nosotros mismos... Nosotros podemos mejorar el impulso de liberarnos, progresando en lo infinito, pero no negándolo: eso sería brutal. Pero nosotros podemos realizar también este impulso recibiéndolo, no negándolo, eso no sería humano. Deberíamos bajar al campo de este afán batallador. Pero el amor unifica [Rahner, 1946-47: 428][49].

«Pero el amor unifica». Llegamos aquí a un punto donde tenemos que volver la mirada a lo dicho sobre la tensión dialéctica del *Diario* espiritual de San Ignacio. El amor que unifica es el punto que resuelve la aporía. Y es también el punto, aunque en distinto nivel, en el que se tocan el poeta

---

[49] *Denn würde das Göttliche in uns von keinem Widerstande beschränkt so wüßten wir von nichts außer uns und so auch von uns selbst nichts... Wir können den Trieb, uns zu befreien, zu veredeln, fortzuschreiten ins Unendliche, nicht verleugnen: das wäre tierisch. Wir können aber auch den Trieb, bestimmt zu werden, zu empfangen, nicht verleugnen, das wäre nicht menschlich. Wir müßten untergehen im Kampfe dieser widerstreitenden Triebe. Aber die Liebe vereiniget* [Hölderlin, 1923: 495].

y el santo. «Solo el hombre, dice Rahner explicando a Hölderlin, que por amor es capaz de abrazar cielo y tierra puede aspirar a lo divino con toda autoridad sin perder lo terreno». En el amor se consiguen ambos polos. Para el que ama, continúa Rahner «lo terrenal se ha convertido en nada para él a través del amor a lo divino; mas en esto se le abren a él los ojos, y de repente contempla a través de las cosas terrenales, cómo se han vuelto transparentes hacia lo divino» [Rahner, 1946-1947: 428].

El amor que unifica es el amor de Cristo que Ignacio ha podido contemplar en su mística trinitaria. Ignacio, mirando «arriba» a la fuente de las misericordias, había vuelto su mirada «abajo» clavando sus ojos en Cristo crucificado. La ilustración que san Ignacio tuvo en Manresa había transformado su modo de contemplar la realidad. Ahora miraba la realidad en su verdad y belleza más honda, en Cristo. Y así podía retornar él a las criaturas «más en medio» y descubrirlas bañadas en la sangre de Cristo.

Decía Hölderlin:

A menudo aparecen decisiones ante nuestros pensamientos, donde nos parece, como si lo divino se nos hiciera visible, símbolo de lo santo y eterno en nosotros. A menudo se manifiesta lo máximo en lo mínimo [en Rahner, 1946-47: 429][50].

La manifestación de lo divino, que el poeta ha conseguido en ocasiones, es lo que san Ignacio contemplaba con asiduidad en su vida. Lo eterno se le había hecho presente no a menudo, sino de continuo. Cristo crucificado era «lo míni-

---

[50] *Oft treten Erscheinungen vor unsere Sinne, wo es uns ist, als wäre das Göttliche in uns sichtbar geworden, Symbole des Heiligen und Unvergänlichen in uns. Oft offenbart sich Kleinen das Größte*: [Hölderlin, 1923: 495].

mo». Era el prisma bajo el cual podía descubrir de un modo nuevo lo mínimo en su hondura más profunda, «lo máximo».

Llegamos, pues, al centro de las razones que movieron a Hölderlin cuando consagró el lema del epitafio de Loyola en su *Hyperion*. La búsqueda de Hölderlin de una cultura, que de nuevo se ha convertido en sencillez, se encuentra en el amor. La solución de la dialéctica está en esa fusión en nosotros, entre lo divino y lo humano, entre cielo y tierra, entre lo «máximo» del anhelo eterno y lo «mínimo» de la realización terrena.

El anhelo está abierto siempre hacia arriba, cuánto más, si se ha abierto al más grande: «Toda la medida del hombre es infinita». Pero debe quedar encerrada en lo mínimo del ser del hombre: «pues la medida de la grandeza a la que perteneces, no podrías llenarla, si derrochases todas tus fuerzas en aspiraciones inalcanzables» [en Rahner, 1946-1947: 430][51].

Los hombres buenos son, para Hölderlin, los que consiguen esa fusión entre cielo y tierra. De ahí que de los hombres buenos que hay en la historia del *Hyperion,* debe, por tanto, poder decirse: «No estar limitado en lo máximo y sin embargo estar contenido en lo mínimo: eso es lo divino». Lo que para Hölderlin son los hombres buenos del *Hyperion* para nosotros son los santos. Y en este caso, san Ignacio. El ideal que Hölderlin buscaba lo vemos realizado en Ignacio y en su mística mirada a Dios y a las criaturas.

Hölderlin muestra en una canción (*Cristo «El único»*) cómo en la vida de los hombres de Dios se resuelven los antagonismos de la vida. Y muestra también cómo en el ideal de vida

---

[51] *Das volle Maß des Menschen ist grenzenlos [...] Denn das Maß von Größe, wozu du bestimmt bist, würdest du nie erfüllen, wenn du im Streben nach einem unerreichbaren Ziele deine Kräfte verschwendetest* [Zinkernagel, 1907: 48].

del poeta, respetando la distancia con los santos, existe esa fusión entre tierra y cielo, entre la grandeza ilimitada del eterno anhelo y la humilde pequeñez de la limitación terrena:

> Pues como el maestro
> pasea sobre la tierra,
> un aguilucho prisionero ...
> hasta que hacia el cielo fue por los aires:
> igual que las prisioneras almas de los héroes.
> Los poetas tienen que ser
> también espirituales y mundanos

[en Rahner, 1946-1947: 430-431][52]

Del mismo modo en el Santo de Loyola encontramos esa grandeza de unir lo espiritual y su estar en el mundo. Ignacio no es el hombre evadido del mundo, sino el hombre vuelto a Dios en medio de la actividad y del humilde trabajo diario. Así quedó plasmada en las *Constituciones* su propia imagen: «Sean exhortados a menudo a buscar en todas las cosas a Dios nuestro Señor, apartando cuanto es posible de sí el amor de todas las criaturas, por ponerle en el Criador de ellas, a Él en todas amando y a todas en él» [MI III, 3, 92].

2.1.3. *Non coerceri maximo*

Cristo Señor es el centro unificador de la vida del santo y de toda su doctrina. En Cristo se cumplen todas las aporías que el hombre no sabía unir. Se cumplen todas las distan-

---

[52] *Denn wie der Meister/ gewandelt auf Erden,/ ein gefangener Aar.../ bis er/ gen Himmel fuhr in den Lüften:/ Dem gleich ist gefangen die Seele der Helden./ Die Dichter müssen, auch/ die geistigen, weltlich sein.*

cias que el hombre no podía recorrer. Cristo, el Hijo de Dios, ha saltado todos los límites y distancias que separaban a Dios de los hombres. Y el santo de Loyola supo captar como pocos esa distancia infinita que el Verbo encarnado ha saltado.

Veamos qué significa el polo de la dialéctica que está abierto hacia lo más grande, hacia el infinito. La santidad de Ignacio, como dice Rahner, es el germen de aquella misteriosa contrariedad que Cristo reclamaba a sus apóstoles: «Vosotros estáis en este mundo, pero no sois de este mundo» (Jn 15,19; 17,13-16) [en Rahner, 1946-1947: 434]. Y la grandeza de este santo reside, según Rahner, en esa madurez cristiana capaz de unir las distintas tensiones de los misterios de la fe y de la vida: espíritu-carne, cielo-tierra, orbe-tumba [Rahner, H. [1946-1947: 431].

«No estar limitado por lo máximo» nos refiere, en primer lugar, el continuo «más» de san Ignacio. Que este santo era el hombre del *magis* es algo sabido. Ese buscar las cosas grandes y altas le viene ya de sus tiempos de gentilhombre, enamorado de una doncella, más que marquesa o duquesa. Incluso desde su infancia le acompañará una pregunta desafiante y sencilla: ¿por qué no?

Hugo Rahner explica que existía en la capilla de la casa de Loyola, un retablo de la Anunciación, bajo el cual se encontraba el lema de la familia de los Ladrón de Guevara: *Pour quoy non?* Esta pregunta se vuelve decisiva en la conversión de Iñigo. Es la pregunta que se hace a sí mismo convaleciente en Loyola. ¿Por qué no aspirar a más, a otra vida distinta, a ser como Francisco o Domingo? Y es que Iñigo de Loyola entiende que «no hay ningún porqué insuperable para aquellos hombres que quieran servir a Dios como noble caballero» [Rahner, 1964: 5-7].

Competir con los santos era el noble sentimiento espiritual en el lecho de Loyola. San Onofre era el modelo de hombre que «tiene un magnánimo corazón que es encendido por Dios»: hacer cosas grandes, se convierte en el primer fundamento de los Ejercicios, la forma primitiva del *magis* [Rahner, 2021: 38-49]. «Es como santo un noble señor, un despreciador de medias tintas, imperfecciones, complicidades, pequeñeces»[53].

De este modo, como hemos explicado, se formará el Ignacio que busca siempre la mayor gloria divina. El Ignacio que ve a Dios en todas las cosas. Así le describieron sus compañeros: «Un hombre para mucho» [Fn II, 150]. Y así ha quedado plasmado él mismo en sus escritos, en las cartas, *Constituciones*, etc. [Rahner, 1964: 142-167].

Así, en este espíritu del *magis* se encuentra también una manera de ver a Dios y de entender a Cristo, el «Eterno Señor de todas las cosas» [EE 98]. Cristo es el alfa y la omega, el principio y el fin. Él lo abarca todo y sin él nada existe. Es dueño y Señor de todo. Dios no es solo infinito en su ser eterno, sino que también abarca la totalidad de lo creado. Él, en su eternidad, mira desde el cielo la redondez del mundo, como dirá san Ignacio en los Ejercicios [EE 102]. Pero a su vez, hecho carne, pide la colaboración para la conquista de todo el mundo. En su encarnación, el Dios hecho hombre quiere abarcar desde su corazón humano todo lo creado.

No estar limitado por lo máximo. Por lo máximo, en primer lugar, de lo creado. La creación habla de Cristo. Por un lado, las criaturas son de Cristo Señor. Él es Criador y Señor de ellas. En su esencia, las cosas pertenecen a Cristo. Como

---

[53] «Er ist auch als Heiliger ein adeliger Herr, ein Verächter alles Halben, Spießigen, Kleinlichen» [Rahner, 1964: 432]

dice san Pablo «por medio de él fueron creadas todas las cosas, celestes y terrestres, visibles e invisibles, Tronos, Dominaciones, Principados, Potestades; todo fue creado por él y para él» (Col 1,10). Y más aún, él las ha redimido con su sangre. Por eso también, no solo en su esencia, sino en su manifestación, todo lo que hay de grande, bueno y bello en las criaturas es un reflejo de la bondad y belleza de Cristo.

Ahora bien, no estar limitado por lo máximo es hablar de lo infinito. De lo que en sí mismo es lo máximo, es decir, Dios. San Ignacio no se queda en las criaturas como ya hemos dicho. Las ve en Cristo. Pero su mística mirada se dirige al mismo Cristo. En él, san Ignacio descubre a Dios. Así se cumplen las palabras del evangelio: «El que me ve a mí ve al Padre» (Jn 3,4).

Esta es la percepción teológica que anotaba en su *Diario* espiritual. Que él percibía la humanidad de Cristo en su alma «no en su humanidad solo, sino como siendo todo mi Dios»[54]. «Se trata, dice Rahner, del reflejo místico de lo que la teología dogmática del "abajo" llama la unión hipostática»[55], en la que la divinidad y la humanidad son *inconfuse et indivise* en la persona del Verbo.

De este modo alcanzamos el núcleo teológico más importante de esta cristología. La frase del epitafio de Loyola, y que usó Hölderlin, encuentra su realización teológica más profunda y verdadera en el misterio de la unión hipostática del Verbo. Lo máximo y lo mínimo se encuentran. En Cristo

---

[54] Ignacio dice aquí, muy significativamente, *todo mi Dios* [MI III, 1, 109; II, 13ss].

[55] *Das ist nur der mystische, aber mit theologischer Präzision erlebte Reflex dessen, was die Dogmatik «von unten her» die hypostatische Union nennt* [Rahner, 1964: 223].

se unen lo humano y lo divino, sin confusión y sin división. Lo más grande, Dios, abraza a lo más pequeño, el hombre, sin destruirse ni romperse.

2.1.4. *Contineri tamen a minimo*

La frase del *Elogium* va dirigida en primer lugar al santo de Loyola. El espíritu gigante de Ignacio, que llenó la tierra con sus planes apostólicos, encontró pequeño el ancho mundo. «El ancho mundo se le quedó estrecho [...] Su corazón fue más grande que el espacio de esta tierra», decía una frase del *Elogium* del santo. Tierra y sepultura serán el símbolo de la dialéctica cristiana de lo divino y lo pequeño. Ignacio cumplió en su vida lo que Hölderlin deseó para los poetas y sus santos héroes: lo máximo. Y san Ignacio lo cumplió en su humildad: «en la virtud el más grande, en la humildad el más pequeño»[56].

Pero, de hecho, la frase habla expresamente de lo divino. *Divinum est.* Ser lo máximo y estar contenido en lo mínimo es lo divino. Esa participación de lo máximo en lo mínimo en la economía salvífica de Dios se da ha dado a través de la humillación. La humildad es el salto que Dios realiza en su encarnación. Cristo, en su humillación, eleva la condición humana. La hipóstasis del Verbo es la expresión visible del abajamiento de Dios. Y Cristo puesto en Cruz, el Eterno Señor de todas las cosas, es la mayor expresión del abajamiento de Dios.

En la unión hipostática entendemos cómo lo divino es no estar constreñido por lo máximo y a la vez estar contenido

---

[56] Cf. en este libro, cap. IV.

en lo mínimo. Y en esta unión, Dios eleva el misterio del hombre[57].

Por este misterio la humanidad no solo participa de la divinidad, sino que es deificada en su modo de ser. Es decir, la humanidad misma contiene la divinidad. Por eso Cristo es el acceso al Padre.

El P. Rahner da una explicación de este misterio desde su teología kerigmática. El misterio de la encarnación, el estar contenido en lo mínimo, supone una revelación histórica, en el espacio y en el tiempo. Esta historicidad de la revelación, esta unión hipostática es la unión de dos líneas. Unidad entre visibilidad historica – o audibilidad- y divinidad invisible. «Tenemos que rodear siempre la "línea visible" –dice el P. Rahner– del Jesús terreno con los misterios de la "línea invisible", tenemos que ver ambas líneas en unidad» [Rahner, 2019: 141]. Estas líneas de lo visible y lo invisible se entretejen en el misterio de Cristo:

> […] la línea invisible partiendo del corazón del Padre, hasta su regreso a través de Jesús el Cristo, en el Espíritu. Sabemos que estas corrientes de agua viva nacen del corazón palpitante de un Hombre que desciende, con nosotros de la sangre de un mismo Padre. Este salir y volver de la vida divina, eterna, invisible, plena de Espíritu, se ha formado un cuerpo visible, afincado en el tiempo y en el correr histórico: el cuerpo humano

---

[57] «Tal elevación de la naturaleza humana, el hecho de ser asumida por una hipóstasis divina, su incorporación a una Persona divina para ser carne viva de ésta, es el meollo del misterio sobrenatural de la Encarnación»: Scheeben, [1957:343]. Esta unión se da solo de modo indirecto pues la naturaleza divina está unida con la naturaleza humana solo mediante la persona del Logos. Solo en atención a la persona del Logos, la persona divina puede ser considerada como término de la unión hipostática.

de Cristo, nacido de la Virgen y el cuerpo místico de Cristo, la Iglesia, la cual, marchando a través de los tiempos, regresa al Padre. Lo invisible se ha hecho visible. El que habita "en la luz inaccesible" (1 Tim 6,16) es palpable con las manos (1 Jn 1,2)[58].

Y Dios no solo se hace accesible, se comunica en su ser. Dios es el caudal de gracia infinita. Dios es el todo, visto en ocasiones por Ignacio como la fuente, aquí como lo máximo, *fuente de sus misericordias* que incrementa los estrechos límites de la vasija en que se recibe, del mínimo [Rahner, 1959: 217].

Y esta es otra nota particular. Lo máximo, al estar contenido en lo mínimo, lo engrandece y eleva. Por así decirlo, lo diviniza. Dios, al hacerse hombre, siendo lo máximo no solo toca lo mínimo, de hecho, lo eleva[59].

---

[58] La doble línea que atraviesa la teología de la predicación del P. Rahner se divide del siguiente modo:

1ª línea: Padre–Cristo–Iglesia como cuerpo místico-Gracia–Visión beatífica

2ª línea: Vida de Jesús–Iglesia como organismo visible–sacramento como comunicación sensible de la gracia- resurrección de la carne.

[59] Según el P. Rahner, esto es un pensamiento fundamental de la predicación cristológica primitiva: «El Logos se hizo hombre no tanto para recibir de nosotros la adoración que le corresponde como consustancial al Padre, (la *proskynesis* temblorosa, la *leiturgía* que se cubre el rostro, de la que tanto suelen hablar los *kontákia* y los himnos bizantinos), sino para que por Él sea transmitida de nuevo al linaje de Adán aquella vida procedente de la Santa Trinidad, que en otro tiempo había sido dilapidada, y así se realice plenamente la recogida de la humanidad, acomunada en esa fuente de vida, en el Espíritu del Ungido, para su regreso *eis tòn patéra*, al Padre. Jesús, el Hombre, es Dios. Para que sus hermanos sean divinizados».

De esto se derivan dos consecuencias:

En primer lugar, «que la divinidad de Cristo es el fundamento invisible, misterioso, que se trasluce a través de lo visible de su aspecto huma-

Divinum est. Dios en su encarnación, se humilla. Lo máximo se hace lo mínimo y eleva lo mínimo. Dios entra en las coordenadas humanas del espacio y el tiempo. El Infinito y Eterno se ha hecho históricamente visible en un lugar concreto: Belén, Nazaret y las «sinagogas, villas y castillos, por donde Christo nuestro Señor predicaba» [EE 91].

Las consecuencias teológicas que se derivan de la frase del *Elogium* de san Ignacio alcanzan también el misterio de Cristo vivo en la Iglesia. «La Iglesia es prosecución del Logos eterno que sale de la boca del Padre» [Rahner, 2019: 161]. El misterio de la encarnación se ha prolongado en la historia en el misterio de la Iglesia.

El misterio de Cristo, de este modo, queda unido al misterio de la Iglesia. «Por este doloroso y casi insoportable hacerse visible lo espiritual, lo invisible y celestial, se han separado los "espirituales" de todos los tiempos» [Rahner, 2019: 177]. Y sin embargo, san Ignacio, al igual que los santos, ha sido capaz de descubrir toda la presencia de lo máximo en los límites de la Iglesia visible.

Y la dialéctica de lo divino, que se hace patente en el misterio de la unión hipostática tiene como consecuencia la dialéctica de la gracia y la libertad, del Espíritu Santo y la Iglesia:

---

no, de su *mediación*, o sea, de aquella relación con la que él lleva al género humano junto al Padre, *ad dexteram Patris, semper interpelum pro nobis».*

En segundo lugar, «que la divinidad de Cristo es el fundamento primordial prototípico del modo en que, a través de la mediación, se nos regala la nueva vida que procede del Padre y lleva de vuelta hacia el Padre».

«A través de la encarnación entraremos en las profundidades de la trinidad en una eterna y permanente mediación de la carne de Cristo». Cf. Rahner, H. [2019: 77-78]

Si aplicamos esto a nuestra dialéctica de Espíritu e Iglesia, significará –y esto es uno de los fundamentos de la teología ignaciana– que el entusiasmo no debe llevarnos a olvidar que el espíritu siempre necesita una forma. El agua viva necesita una vasija. El Espíritu requiere una Iglesia. Y la Iglesia es la letra escrita, es ley, historia, razón. Y por el otro lado, cuando ponemos estos límites no debemos olvidar que el Espíritu no puede ser confinado, que siempre rebosa sobre el agujero de la vasija, y que sopla donde quiere. La Iglesia necesita el Espíritu[60].

En conclusión, vemos cómo la frase del Epitafio de Loyola, que es la frase del *Elogium sepulcrale*, configura la teología del P. Rahner. Para él esta frase recoge en gran medida la teología de san Ignacio. Es más, podemos decir que recoge y configura en síntesis la propia visión teológica de Hugo Rahner. Lo divino es no estar limitado por lo máximo y, sin embargo, estar contenido en lo mínimo.

---

[60] *Auf unsere Dialektik von Geist und Kirche angewandt, heist dies aber, und das gehört in die Fundamente der ignatianischen Theologie: bei aller Begeisterung niemals vergessen, das Geist immer eine Form braucht. Das lebendige Wasser bedarf des Gefäses. Geist verlangt nach Kirche. Und Kirche ist geschriebenes Wort, ist Gesetz, ist Geschichte, ist Vernunft. Umgekehrt aber: beim Ziehen dieser Grenzen niemals vergessen, das der Geist nicht eingesperrt werden kann, das er immer auch über die Ränder der Gefässe quillt, das er weht, wo er will. Kirche braucht Geist* [en Rahner, 2019: 373-396].

CAPÍTULO V.
DESARROLLO Y VERIFICACIÓN DE ESTA CRISTOLOGÍA EN LOS *EJERCICIOS ESPIRITUALES* Y EN LAS *CONSTITUCIONES* DE LA COMPAÑÍA DE JESÚS

1. Introducción[61]

LOS HILOS CONDUCTORES de la teología de Ignacio, sintetizados a través de sus experiencias místicas y sus estudios en la Sorbona de París y en Venecia en una unidad personal e inconfundible, nos ayudan a entender los *Ejercicios Espirituales* y sobre todo, su cristología.

De ello se trata en uno de los últimos artículos del P. Rahner sobre san Ignacio: «La cristología de los Ejercicios de san Ignacio». Este artículo fue publicado en *Geist und Leben* en 1962, poco antes de la recopilación de su obra ignaciana, *Ignatius von Loyola als Mensch und Theologe*, publicada en 1964. Por tanto, podemos ver en este artículo el compendio de gran parte de sus conocimientos sobre el santo y su teología. Es verdad que no se trata de un artículo culmen, porque la obra ignaciana del Padre Rahner, como hemos dicho, permanece inacabada y tampoco pretende tener una exposición continua y sistemática. La intención del artículo no es,

---

[61] Los epígrafes de este capítulo de la tesis intentan seguir los mismos que nuestro autor pone en su artículo sobre la cristología de los *Ejercicios*.

pues, ser cima de sus estudios. Ahora bien, es de suma importancia en nuestro estudio por varios motivos:

En primer lugar, por la calidad (la «Cristología de los Ejercicios» es uno de sus artículos más citados y conocidos) y extensión del artículo (el más extenso de la recopilación *Ignatius von Loyola als Mensch und Theologe*).

En segundo lugar, por su cronología con respecto a los demás artículos. Por último, por su contenido: se trata del estudio de la cristología en los *Ejercicios Espirituales*, la obra que puede considerarse como la expresión del espíritu de san Ignacio.

Por tanto, el estudio de la cristología de los *Ejercicios* nos sirve como verificación de todo lo expuesto anteriormente.

1.1. La cristología en la comprensión global de los Ejercicios

Este estudio de la cristología, dice nuestro autor, ayuda a poner de relieve el fondo teológico y la fundamentación dogmática que actúan detrás de las palabras y expresiones tal como lo vivía el autor de los Ejercicios.

Los *Ejercicios Espirituales* son esencialmente cristológicos. Son una ocupación meditativa de la vida de Cristo. Pero no de forma desordenada ni inconexa, sino con una relación interna en esas meditaciones que se comprende solo desde su finalidad: «Una ordenación de la propia vida para conocer la voluntad de Dios en paz mediante la más fiel configuración de la propia vida con la vida de Cristo aceptado como norma»[62].

---

[62] *In einer das Leben umformenden 'Wahl' den Willen Gottes in Frieden zu finden durch die je größtmögliche Angleichung an das Lebensgesetz Christi* [Rahner, 1962: 252].

El trasfondo e hilazón de todo está sintetizado, según Hugo Rahner, en la Segunda semana, y más concretamente en el binomio de la Llamada del Rey y de la meditación de las Dos Banderas, como desarrollaremos más adelante.

Ver cómo surgieron los *Ejercicios* en el alma de Ignacio ayuda a entender este hilazón cristológico que recorre todo el librito, viendo la preeminencia cristológica en todas las fases de elaboración de este proceso que se desarrolla en el corazón del Santo. El proceso se da en tres fases, que corresponden también al proceso de transformación del santo.

En primer lugar, con la lectura y la reflexión sobre la Vita Christi en la convalecencia de Loyola, cuando seleccionaba las cosas más importantes de la vida de Cristo, «escribiendo con tinta roja las palabras del Señor y con tinta azul las de Nuestra Señora» [FN I, 73].

El segundo paso, se da en el deseo de peregrinar a Jerusalén y retirarse a la Cartuja, donde va entendiendo a su vez el seguimiento de Cristo en una peregrinación interior, dura ascensión ascética a la Cruz de nuestro Señor.

Por último, la transformación a la que le llevó la gracia de Manresa:

En la mística gracia de Manresa se le había de comunicar, por fin y por completo, en qué consistía la *«librea de Cristo»*: a saber, en la ignominia de Cristo, que es la que lleva a la gloria del Padre. Allí se condensaron sus anteriores experiencias espirituales en las notas de las que se formó la sustancia del *Libro de los Ejercicios*: del Reino y de la lucha de ambos campos, que se decide tanto en la historia del mundo como en la vida espiritual del hombre, en el sí a la ignominia de la Cruz. Por eso, dice el P. Nadal en sus hasta ahora inéditos *Diálogos sobre el Instituto de la Compañía de Jesús*: «Aquí en Manresa Dios le comunicó los Ejercicios, y para eso le guió por el camino de ponerse enteramente al servicio de la gloria de Dios y de la salvación de los hombres. La idea para eso la recibió Ignacio, ante todo, en las dos meditaciones del Reino y de las Banderas» [Rahner, 1962: 69-70].

En fin, todos los *Ejercicios* apuntan a esta mirada a Cristo, lugar donde se equilibran todas las tensiones teológicas. Todo empieza y todo acaba con la cruz del Señor como medio de acceso a la gloria y como momento decisivo en su victoria contra Satanás que debe ser combatido en la actualidad desde dentro de la Iglesia puesta al servicio del rey [Rahner, 1962: 255]. Por eso, al hablar de los *Ejercicios* no solo hay que destacar su cristocentrismo, sino un estaurocentrismo, en términos de Rahner [Rahner, 1962: 284].

Todas las distintas tensiones que encierran el libro de los *Ejercicios* hacen de esta experiencia espiritual una realidad dinámica. Para quien hace los Ejercicios, este librito resume de algún modo la situación antropológica vital en la que se encuentra la humanidad y la realidad propia, en un influjo de distintas fuerzas equilibradas u ordenadas, por usar un lenguaje más ignaciano, por la gracia y la elección libre del hombre.

2. La Cristología de la 1ª semana

El Padre Rahner parte del apriori del cristocentrismo de las meditaciones de la primera semana, determinadas por el número 53 de los Ejercicios:

Coloquio. Imaginando a Christo nuestro Señor delante y puesto en cruz, hacer un coloquio; cómo de Criador es venido a hacerse hombre, y de vida eterna a muerte temporal, y así a morir por mis pecados. Otro tanto, mirando a mí mismo, lo que he hecho por Christo, lo que hago por Christo, lo que debo hacer por Christo; y así viéndole tal, y así colgado en la cruz, discurrir por lo que se offresciere [EE 53].

Por un lado, la mirada a la cruz, irá descubriendo, lenta y progresivamente, cómo el Crucificado es el punto central de toda la historia de la salvación, hacia el que converge también la propia situación de pecado, procurando desenmascarar desde el principio las astucias del enemigo. Todo ello, además, con el «golpe de saque» de la oración del *Anima Christi*, insinuando ya desde el comienzo cómo los Ejercicios son una lucha entre Cristo y Satanás, teniendo por campo de batalla el corazón del ejercitante: mándame ir a ti, del maligno enemigo defiéndeme [Rahner, 1962: 255-257].

Así pues, la Segunda semana ilumina el sentido de la Primera, partiendo de la meditación de la Llamada del Rey. Vida y muerte y glorificación son las tensiones que encierran todo el proceso de los Ejercicios.

2.1. El Principio y Fundamento y su cristología

Según Rahner, el Principio y Fundamento, que de suyo se encuentra fuera de la Primera semana[63], es el a priori de los

---

[63] Rahner sostiene que, aunque las versiones de los Ejercicios *Versio prima* y la *Versio* de J. Roothann incluyen el Principio y Fundamento, no pertenece a la Primera semana sino como un a priori [Rahner, 2021: 176-177; 195-203].

Ejercicios, sondeo preparatorio de la disposición que debe crearse en el ejercitante. Está en referencia a las meditaciones centrales de la Llamada del Rey (designada como «fundamento» en los antiguos directorios de los *Ejercicios*) y de las Dos Banderas, aun cuando no hay expresiones directas referidas a Cristo, y no se reduce a consideraciones de tipo filosófico. De hecho, el texto del Principio y Fundamento [EE 23] solo se entiende comparado con el texto de la elección [EE 169-179]. Salvar el alma, indiferencia y deseo del *magis* para la identificación con el Criador y Señor son tres etapas necesarias como planteamiento para la elección de estado. El *magis* del fundamento, lo máximo, se irá concretando para el ejercitante a lo largo de todo el proceso de los ejercicios en la elección y seguimiento de la mínima expresión humana, Cristo crucificado y despreciado:

> Los Ejercicios empiezan por el Principio y Fundamento pero detrás de cada una de sus palabras, y según la mente de san Ignacio, se esconde Cristo, la Palabra hecha carne. En esa Palabra se cumple con toda perfección el fin del hombre que fue creado para alabar, hacer reverencia y servir al Padre. A esa Palabra pertenecen todas las cosas creadas. Solo en Cristo y en su muerte en cruz redentora de los pecados del mundo se pueden comprender los requerimientos para hacernos indiferentes y dignos colaboradores con Cristo crucificado en la empresa de poner orden en todas las cosas. Entendido cristológicamente el fundamento –y solo en esta hipótesis– se llega también a entender por qué los misterios del pecado y del infierno terminan al pie de la cruz de la Palabra eterna[64].

---

[64] *Wenn darum alle Geistlichen Übungen mit den Betrachtungen aus dem Fundament beginnen, so steht bei einer richtigen, dem Geiste des hl. Ignatius gemäßen Deutung hinter jedem Satz des Fundaments*

Cristo aparece en el trasfondo del «principio y fundamento» como el Creador y Señor [Rahner, 1962: 25]. Es más, como Criador y Señor que es él, «nadie puede poner otro fundamento que el ya puesto, Jesucristo» (1 Cor 3,11). Sobre esta presencia de Cristo en el Principio y Fundamento y en la primera semana, el P. Rahner acude a los Padres y autores medievales, uniendo creación y redención[65]. De este modo

Christus, das menschgewordene Wort: Er ist im vollsten Sinn der Mensch, der geschaffen wurde, um dem ewingen Vater Lob, Herfurcht und Dienst zu erweisen. Ihm gehören alle Dinge auf dem Rund der Erde. Nur in Christus und seinem die Sünde der Welt erlösenden Kreuztod verstehen wir die Forderung, uns allem Geschaffenen gegenüber gleichmütig zu halten, damit wir einer Teilnahme gewürdigt werden an der Weise, wie Christus alles Erschaffene wieder zurückbringt in die große «Ordnung des Lebens», in Verzicht und Kreuz. Wenn wir das Fundament so christologisch deuten, dann (un nur dann) verstehen wir die Konsequenz, in welcher nun auch die Mysterien der Sünde un der Hölle unmittelbar am Kreuz des ewigen Wortes enden [Rahner, 1962: 261].

[65] San Ambrosio: *Omnis creatura quaecumque bona habet accepit a Christo, qui totius auctor est creaturae* (*Enarr. in Ps.*, 118, 15,30 [CSEL 62, 346]); *Aliud Creatoris, aliud Redemptoris est, distincta licet, unius tamen auctoris beneficia sunt. Decuit enim, ut ille nos redimeret qui creavit* (*De Fide*, 3,2,8 [PL 16,591c]); San Agustín: *Fortitudo Christi te creavit, infirmitas Christi te recreavit. Fortitudo Christi fecit, ut quod non erat esset; infirmitas Christi fecit, ut quod erat non periret. Condidit nos fortitudine sua, quaesivit nos infirmitate sua* (*Tract. in Joannem*, 15 [PL 35, 1512c]); san Bernardo: *Primo in Christo creati sumus in libertatem voluntatis, secundo reformamur per Christum in spiritum libertatis, deinde cum Christo consummandi in statum aeternitatis. Siquidem quod non erat, in illo creari oportuit, qui erat, per formam reformari deformem, membra non perfici, nisi cum capite* (*De gratia et libero arbitrio*, XIV, 49 [PL 182, 1027s]) [...] *Idem quippe et angeli salvator et hominis. Sed hominis ab incarnatione, angeli ab initio creaturae* (*Sermo 1 de circumcisione*

el fundamento es algo sobrenatural, es decir, solo se entiende presuponiendo a la criatura elevada y caída. Por eso, el texto dice que las criaturas ayudan o impiden [Rahner, 2021: 198-199]. Debemos ver las criaturas no en su belleza y encanto natural, sino lavadas en la sangre de Cristo [MHSI 42, Ep. Ig 12, 252]. Aquí se halla el fundamento sobrenatural. Este aspecto toca también la teología de la preexistencia del Verbo y su presencia en la creación del mundo y en la decisión de la redención, como se verá en la meditación de la encarnación del Señor en la Segunda semana [EE 58 y 237].

Por eso, además de ser el Creador y Señor de todas las cosas, Cristo está como el Mediador entre el Padre y todas ellas. Las cosas creadas, buenas e imperfectas indistintamente, son siempre vistas desde «arriba», es decir, comparadas con la sabiduría y bondad divinas [EE 58 y 237], «midiendo mi mesura con la sapiençia y grandeza divina», anotó en su *Diario* [MI III, 1, 100]. Semejanza y desemejanza (entre las cosas y el hombre pecador, por un lado y Dios sapientísimo por otro), solo posibles por la mediación de Cristo, que está en el cielo «arriba» y aquí «abajo». Cristo es el mediador inclinado para interceder, dice Rahner, que da «acceso notable» al Padre [MI III,1, 88, 11. 30-3], junto al cual se sitúan el resto de los mediadores de la corte celestial:

> Y es aquí donde pensamos que encaja el cosmos de *lo de en medio* en la ignaciana teología mística de la experiencia: en su enseñanza, bien conocida por los Ejercicios espirituales, sobre los *mediadores* Jesús y María. Jesús, quien por su madre terrenal, pertenece también completa e inseparablemente al

---

[PL 183, 133d]); San Buenaventura, *Breviloquium* IV 1 [en Rahner, 1962: 497, nota 18].

«abajo» de la tierra; María, en comparación con la cual el Hijo está desde siempre «más arriba». Y debajo de estos mediadores, el cosmos de los ángeles y de los santos, al que san Ignacio llama con frecuencia «la corte celestial» [Rahner, 1959: 222][66].

Así, todas las cosas sobre la faz de la tierra son creadas para volver al Padre por medio de Cristo crucificado. «La redención que se consuma en la cruz es la reordenación de todo al fin para el que ha sido creado: alabar y servir al Padre eterno mediante la imitación de la vida humana de la Palabra eterna»[67].

En esa cruz donde se halla el Crucificado se produce el equilibrio de las distintas tensiones que conforman la espiritualidad de san Ignacio y de los *Ejercicios* y constituye el quicio del trasfondo teológico que estudiamos. Lugar donde el hombre y el teólogo tienen que doblar sus rodillas ante el misterio porque

la muerte en cruz de Dios viene a ser como el doble ritmo de la respiración divina: por una parte es la consecuencia de mis

---

[66] *Und hier, meinen wir, ist es, wo in der mystischen Erfahrungstheologie des Ignatius eben der Kosmos des «Mittleren» sich einbaut: seine aus den Geistlichen Übungen wohlbekannte Lehre von den «mediadores» Jesus und Maria. Jesus, der duch seine irdische Mutter auch ganz und ungetrennt zum Unten der Erde gehört, Maria, an welcher gemessen der Sohn «mehr schon oben» (más arriba) ist. Und unterhalb dieser Mittler der Kosmos der Engel und Heiligen, den Ignatius oft den «himmlischen Hof» nennt.*

[67] *Und die im Kreuztod dennoch sich vollendente Erlösung von Sünde ist die Rückführung zu dem Ziel, für das alle Dinge auf dem Rund der Erde erschaffen sind: in das Lob und in den ehrfürchtingen Dienst des ewigen Vaters durch die Angleichung an das Menschenleben des ewigen Wortes* [Rahner, 1962: 259].

pecados [cf. Hb 6,6] y por otra es la victoria sobre esos pecados mismos, con solo que yo me confíe arrepentido a esa infinita bondad[68].

En un interesante esquema del P. Rahner, apoyándose en Przywara, podemos ver esta presencia del Fundamento en los *Ejercicios* [Rahner, 2021: 199-200]:

Primera semana: el reverso del Fundamento.

N° 46: puro servicio de la divina majestad.
49: oración preparatoria constante en los Ejercicios.
50: reverso del Fundamento en la perspectiva de la historia de la salvación.
51: idem.
60: «reliqua super faciem terrae».

Segunda semana: Concreción cristológica y psicológica del Fundamento en la opción entre Cristo y Satanás.

N° 90-98: «las demás cosas sobre la faz de la tierra».
102: «las demás cosas» en el mundo.
97: «lo que más» = «únicamente deseando».
104: mayor amor a Cristo (Adición) = 130.
130: el mayor servicio.

Las Dos Banderas

N° 135: el puro servicio del Padre.
142 y 98: riqueza, honor, soberbia: reverso diabólico del fundamento.
145: las demás cosas sobre la faz de la tierra.

---

[68] *Der Kreuztod Gottes ist, aug die Folge meiner eigenen Sünde (cf. Heb 6,6) un dennoch zugleich, wie in enim einzigen götlichen Atemzug, die Besiegung meiner Sünde, in dem Ausmaß, als ich mich reumütig dieser un-endlichen Güte hingebe* [Rahner, 1962: 269].

146: pobreza, desprecio, humildad: concretización cristológica de la indiferencia y del tercer grado de humildad = «lo
que más».

Los Tres binarios

N° 150: «Salvarse...y encontrar a Dios, son las
153: condiciones necesarias para salvarse.
154: peligros de estas condiciones necesarias.
155: «salir de sí», condición necesaria para la perfección.

Grados de humildad

N° 165: riqueza, honor, vida larga = peligro de las condiciones
necesarias para la santidad.
167: «presuponiendo el Primero y el Segundo», se trata de
las condiciones necesarias para la perfección.

Elección

N° 169: «mirando el fin para el que he sido creado».
177: repetición condensada del Principio y Fundamento.
179: repetición condensada del Principio y Fundamento.
Preguntarse si está en el Segundo Grado   o en el Tercero.
189: Elección para una reforma de vida:
    Primer grado.
    Segundo grado.
    Tercer grado, inspirado únicamente en el «tanto-cuanto»
    de la abnegación.

Contemplación para alcanzar amor

N° 233: amar = servir.
234: el hombre es creado para amar.
235: todas las demás cosas sobre la faz de la tierra solamente.
236: una ayuda para amar.

Así pues, todos los Ejercicios se encuentran en germen en el Principio y fundamento y en él descansan los pilares principales.

2.2. Rasgos cristológicos de las meditaciones de los pecados

Cristo, centro de la historia de la salvación se halla en el centro del sentido teológico del pecado. Sin Él no se puede entender la profundidad del pecado. Por eso, las consideraciones de la Primera semana sobre el pecado no terminan en el pecado mismo, sino en el diálogo con Aquel que nos ha librado del pecado. El pecado se presenta en los *Ejercicios* como el reverso del Fundamento, siempre en referencia a Cristo puesto en cruz. La Primera semana, es una meditación del pecado que el Padre Rahner distingue en una triple forma: historia del pecado (nn. 45-54), psicología del pecado (nn. 55-63); escatología del pecado (nn. 65-71).

2.2.1. Sentido cristológico de la historia del pecado

El primer ejercicio se refiere a la consideración del pecado de los ángeles, de los primeros padres y el pecado de un hombre cualquiera. En este punto, el P. Rahner se remite a la doctrina teológica de Scheeben.

El P. Rahner precisa que tanto el pecado de los ángeles como el de los primeros padres hay que ponerlo siempre en referencia a Cristo: «La revelación de este acontecimiento anterior al mundo se nos ha dado solamente en relación con Cristo y por Él» [Rahner, 2021: 205]. El pecado de los ángeles es un pecado de soberbia[69]. Todo pecado es *esse ex diabolo*, rechazo a Cristo participando en el *corpus diaboli*, esto es, en el plan del demonio. Según Rahner, siguiendo a Scheeben, la soberbia de los ángeles es una *appetentia unionis hypostaticae*, rebelión contra el Verbo encarnado en el misterio de su unión hipostática [Scheeben en Rahner, 2021: 205-206].

Es orgullo de estos ángeles respecto a Cristo que viene. Los ángeles conocieron que debían participar de la gloria mediante un Dios hecho hombre. Ese orgullo los llevó a querer alcanzar por sus propias fuerzas el derecho a la visión de Dios. Son, de alguna manera, los primeros pelagianos.

El diablo se presenta frente a Cristo desde el comienzo de su soberbia como el que niega a Jesús. Por eso, san Juan se refiere a él como «homicida desde el principio» (Jn 8,44) y san Ignacio denominará en ocasiones a Lucifer como el «enemigo de natura humana» [EE 7, 10, 135, 136, 325, 326, 327, 334]. Esta interpretación del pecado como oposición a que el Verbo se encarne, aunque no es explícita en el texto de los *Ejercicios*, se justifica en la lógica con la que san Ignacio

---

[69] «El primer puncto será traer la memoria sobre el primer pecado, que fue de los ángeles, y luego sobre el mismo el entendimiento discurriendo, luego la voluntad, queriendo todo esto, memorar y entender, por más me envergonzar y confundir; trayendo en comparación de un pecado de los ángeles tantos pecados míos, y donde ellos por un pecado fueron al infierno, quántas veces yo le he merescido por tantos. Digo traer en memoria el pecado de los ángeles; cómo siendo ellos criados en gracia, no se queriendo ayudar con su libertad para hacer reverencia y obediencia a su Criador y Señor, veniendo en superbia, fueron conuertidos de gracia en malicia, y lanzados del cielo al infierno; y así, consequenter, discurrir más en particular con el entendimiento, y consequenter moviendo más los afectos con la voluntad» [EE 50].

hace desembocar todas las meditaciones a los pies del crucificado. El rechazo al pecado de los ángeles de la Primera
semana se proyecta en el rechazo de Satanás en la Segunda
semana.

Todo ello presupone el conocimiento de la encarnación
del Verbo por parte de los ángeles. Con esto, Rahner saca a
relucir otro problema teológico que enfrenta a las corrientes
tomista y escotista, a saber, si la encarnación se debe a un
impulso del amor divino movido por la previsión del pecado
(predestinación condicionada de la encarnación, corriente
tomista), o bien era un camino más, el preferido, dentro de
un plan de cosmoglorificación y, solo después de la caída, se
convierte en encarnación con capacidad de sufrir la cruz
como vía de redención (predestinación incondicionada o ab-
soluta de la encarnación, interpretación escotista). Una y otra
teoría dependen entre sí. El pecado de los ángeles, dice Rahner, se debe al menos al rechazo intuitivo de la consideración formulada indirectamente en los Ejercicios *Cur Deus
homo?*

La posición de Rahner se adhiere más a una interpretación escotista, por la centralidad del misterio de Cristo en
relación con las criaturas, los ángeles y los hombres, siendo
Cristo el primero y el último, el principio y fin de todo. «Él es
anterior a todo y todo se mantiene en Él» (Col 1,17). «El
Dios-Hombre doloroso sería como una "segunda" Palabra
del Padre que quiere la salvación, frente a la "primera" Palabra del Hijo que glorifica y corona en gracia a toda la creación»[70].

---

[70] *Der leidende Gottmensch ist mitin nur gleichsam als das «zweite» Wort
des heilsliebenden Vaters zum «ersten» Wort des verherrlichenden und alle
Schöpfung in Gnade krönenden Menschgewordenen* [Rahner, 1962: 266].

Esta postura se prolonga a la hora de estudiar la siguiente consideración: el pecado de los primeros padres[71]. Estos son criados –explica Rahner según el texto de los *Ejercicios*–, en el «campo damasceno», (que en el pensamiento de Ignacio es el cercano a Belén, donde Cristo nació) y puestos en el paraíso terrenal. Allí les sería revelada de algún modo la encarnación del Verbo. Apoyándose en santo Tomás[72], habla Rahner de la necesidad de una fe explícita en la encarnación del Hijo de Dios para la salvación; algo también les sería dado a los primeros padres. Más adelante, en la meditación del infierno, aparece como causa de condenación de algunos no creer en esta encarnación o no obrar según los mandamientos que conllevaba:

> Haciendo un coloquio a Christo nuestro Señor, traer a la memoria las ánimas que están en el infierno, unas, porque no creyeron el advenimiento, otras, creyendo, no obraron según sus mandamientos [EE 71].

---

[71] «El segundo: hacer otro tanto, es a saber, traer las tres potencias sobre el pecado de Adán y Eva; trayendo a la memoria cómo por el tal pecado hicieron tanto tiempo penitencia, y quánta corrupción vino en el género humano, andando tantas gentes para el infierno. Digo traer a la memoria el 2º pecado, de nuestros padres, cómo después que Adán fue criado en el campo damasceno, y puesto en el paraíso terrenal, y Eva ser criada de su costilla, siendo bedados que no comiesen del árbol de la sciencia, y ellos comiendo, y asimismo pecando, y después vestidos de túnicas pellíceas, y lanzados del paraíso, vivieron sin la justicia original, que habían perdido, toda su vida en muchos trabajos y mucha penitencia; y consequenter discurrir con el entendimiento más particularmente, usando de la voluntad como está dicho».

[72] Santo Tomás en este punto se distancia de su posición habitual para poner la encarnación como punto de partida de la economía de la salvación. STh II-II, q.2, a.7c.

Según esto, la esencia del pecado original consiste precisamente en la negación de Dios y de su plan salvífico y gratuito, previsto para el hombre: «La esencia más íntima del "peccatum originale originans" es la desobediencia» [Rahner, 2021: 207]. Situándose en la línea del pecado de los ángeles, el pecado original es un homicidio desde el principio y un rechazo del plan de Dios[73].

El inescrutable misterio del pecado original se hace patente en las secuelas que han dejado en las criaturas y en el corazón del hombre. En primer lugar, ya aparece en la meditación del pecado de los primeros padres, la pérdida de la justicia original. Como consecuencia de esa pérdida, aparecen los «trabajos y penitencia» [EE 51], que en su significado cristológico se comprenderán a la luz de la Segunda semana, en el seguimiento de Cristo en sus trabajos y sufrimientos de su vida terrena, orientados a la cruz. Las secuelas se convierten así, en «medio para desandar el camino y reorientarlo en dirección del primer plan glorificador del Padre» [Rahner, 1962: 622]. Aquí se hace presente una de las tensiones que recorrerán el entramado de los *Ejercicios Espirituales*, la bipolaridad trabajos-gloria.

La siguiente consideración del pecado mortal de un hombre cualquiera[74] supone un paso más hacia el propio

---

[73] En alguna ocasión el P. Rahner habla también de «deicidio» para la explicación del pecado en los *Ejercicios* [Rahner, 2021: 51-52]. Sin ir más allá de la intención del autor en esta cuestión, entendemos el uso de la palabra «homicidio» en referencia a la cita de Jn 8,44 y en referencia al rechazo de los ángeles a la naturaleza humana, en vistas a la encarnación del Verbo. En cambio, entendemos «deicidio» en el sentido de la distancia del pecado personal del hombre que atenta contra el propio Dios, pero siempre también en referencia a Cristo crucificado.

[74] «El tercero: asimismo hacer otro tanto sobre el tercero pecado particular de cada uno que por un pecado mortal es ido al infierno, y otros

yo, a través de la consideración de un «alter ego» que ha recorrido el camino del pecado. Entonces, para el ejercitante, Cristo en la cruz, es el punto central de la historia del pecado, que comenzaba con el pecado de los ángeles. Cristo, alfa y omega, es el eje de la Historia del mundo y de lo celeste.

Finalmente, san Ignacio da sentido a todo este ejercicio haciendo que el ejercitante se pregunte y considere a modo de diálogo: *Cur Deus homo?*[75], terminando en la petición del Padrenuestro *liberanos a malo*. Y este diálogo se realiza con el mediador puesto en cruz, Cristo. Los sentidos proclaman la profundidad de la verdad de esta pregunta. Verdaderamente Dios ha venido a hacerse hombre, despojándose a sí mismo, tomando condición de siervo y obedeciendo hasta la muerte y muerte de cruz (cf. Flp 2,6-11). El planteamiento de esta pregunta es lo que explica precisamente la presencia del Señor en todas las meditaciones de la Primera semana.

---

muchos sin cuento por menos pecados que yo he hecho. Digo hacer otro tanto sobre el pecado particular, trayendo a la memoria la gravedad y malicia del pecado contra su Criador y Señor, discurrir con el entendimiento cómo en el pecar y hacer contra la bondad infinita, justamente a sido condenado para siempre, y acabar con la voluntad, como está dicho» [EE 52].

[75] «Coloquio. Imaginando a Christo nuestro Señor delante y puesto en cruz, hacer un coloquio; cómo de Criador es venido a hacerse hombre, y de vida eterna a muerte temporal, y así a morir por mis pecados. Otro tanto, mirando a mí mismo, lo que he hecho por Christo, lo que hago por Christo, lo que debo hacer por Christo; y así viéndole tal, y así colgado en la cruz, discurrir por lo que se offresciere». *Ejercicios Espirutales*, n. 53.

2.2.2. Sentido cristológico de la psicología del pecado

Esta meditación, según Rahner, en el fondo responde a la propia experiencia de dolor y arrepentimiento del pecado de san Ignacio sobre todo en el tiempo de Manresa, cuando pasó por tormentos en los que incluso se vio tentado a suicidarse. De esta manera, san Ignacio abandonaría una reflexión más abstracta de la teología del pecado por la experiencia personal de todo ejercitante en torno al pecado. De hecho se indica como fruto de la meditación los «sentimientos de dolor y lágrimas de arrepentimiento por mis pecados»[76].

De nuevo, encontramos aquí la tensión de la semejanza y desemejanza del hombre y Dios. Esta vez en forma de gradación disminuida, primero cuantitativamente con el número de hombres; luego, en comparación cualitativa con los

---

[76] «3º puncto. El tercero, mirar quién soy yo, diminuyéndome por exemplos: primero, quánto soy yo en comparación de todos los hombres; 2º, qué cosa son los hombres en comparación de todos los ángeles y sanctos del paraíso; 3º, mirar qué cosa es todo lo criado en comparación de Dios: pues yo solo ¿qué puedo ser?; 4º, mirar toda mi corrupción y fealdad corpórea; 5º, mirarme como una llaga y postema, de dónde han salido tantos pecados y tantas maldades y ponzoña tan turpíssima.

4º puncto. El quarto: considerar quién es Dios, contra quien he pecado, según sus atributos, comparándolos a sus contrarios en mí: su sapiencia a mi inorancia, su omnipotencia a mi flaqueza, su justicia a mi iniquidad, su bondad a mi malicia.

5º puncto. El quinto: esclamación admirative con crescido afecto, discurriendo por todas las criaturas, cómo me han dexado en vida y conservado en ella; los ángeles, como sean cuchillo de la justicia divina, cómo me han suffrido y guardado y rogado por mí; los santos cómo han sido en interceder y rogar por mí; y los cielos, sol, luna, estrellas, y elementos, fructos, aves, peces, y animales; y la tierra cómo no se ha abierto para sorberme, criando nuevos infiernos para siempre penar en ellos» [EE 59 y 60].

santos y los ángeles; por último, en un salto trascendental, de las criaturas a Dios.

Así, el ejercitante, hombre corrompido por el pecado, puede medir la justicia de Dios viendo los atributos divinos en comparación con la propia fealdad existencial, simbolizada en la expresión de «llaga y postema», y viendo cómo esa justicia de Dios ha terminado en un coloquio de misericordia con el pecador. «Las dimensiones de la justicia divina y su bondad no pueden ser medidas más que con la cruz» [Rahner, 1962: 271]. En este sentido, la tensión de la semejanza y la desemejanza se realizan de una manera existencial, psicológica en cada uno. Tensión que en esa mirada a la Cruz hace surgir un grito lleno de asombro en lo profundo del alma pecadora: «esclamación admirative con crescido afecto» dice el texto [EE 60]. Según Rahner estamos ante el texto «más grandioso de todo el libro de los *Ejercicios*» [Rahner, 1962: 271] y una de las pocas ocasiones en que san Ignacio se expresa de forma casi poética, algo poco frecuente en el santo, que tiende a ser más parco que expresivo a lo largo de los *Ejercicios* y en sus restantes escritos. Esta expresión pertenece a la experiencia personal del santo, y por tanto a sus *«arcana verba»*. Por un lado pone de manifiesto que la fealdad y malicia del pecado no es simplemente *contra naturam humanam*, sino que quiere expresar el sentimiento del que comparece ante la presencia de Dios [Rahner, 2021: 209ss]. Es una mirada «de su mística en la que engloba juntamente todo el trasfondo oscuro de un hecho incomprensible: que las criaturas se hayan rebelado pecando contra su Creador y Señor»[77]. Por otro lado, es una mirada, dice Rah-

---

[77] *Ist eine einzige Schau seiner Mystik, in der er nun alles Geschaffene zusammenschaut auf dem dunklen Hintergrund der unbegreiflichen Tat-*

ner, que se convierte en la divina comedia de quien contempla un campo de batalla dividido: de un lado, Dios, los ángeles, los santos y el cosmos puesto en estado de guerra. Y del lado opuesto, el pecador [Rahner, 1962: 271].

En este punto de los Ejercicios sale a relucir en Rahner toda la fuerza de la teología de la cruz y de la justificación. Todo el peso de la ira de Dios desatada por el pecado del hombre, todo el movimiento de justicia divina que provoca se expresa exteriormente en la imagen de una creación enfurecida, dispuesta a asestar el golpe condenatorio sobre el hombre pecador. En este momento en el ejercitante se dilata la anterior pregunta teológica, *Cur Deus homo?*, contemplando cómo ese salto infinito de Dios alcanza la propia existencia personal del pecador, apunto de ser devorado por la enfurecida creación:

> Esa fuerza que paraliza las manos justicieras de la creación enfurecida es el amor de Dios hecho comprensible solo en Cristo crucificado. Ese amor convirtió a los ángeles vengadores –los espíritus que en la primera hora habían permanecido fieles al Hombre-Dios– en ángeles custodios de los hombres redimidos en la cruz. La cruz está formada los santos, que dieron un sí definitivo a Cristo y que, por tanto, deberían convertirse en acusadores vociferantes de todos los pecadores («¿Cuánto tardarás todavía, Señor, en vengar nuestra sangre sobre los habitantes de la Tierra?» Ap 6,10), aquellos «seres pacientes por breve tiempo que aguardan en oración hasta que se complete el número de sus hermanos» (Ap 6,11)[78].

---

sache, daß Geschöpfe sich gegen den Schöpfer und Herrn sündigend erhoben haben [Rahner, 1962: 271-272].

[78] *Diesem dem rächenden Kosmos in die Arme fallende Gewalt ist die Liebe Gottes, die in Christus dem Gekreuzigten allein faßbar geworden ist.*

Toda la creación ha sido alcanzada y frenada por el misterio de la cruz, signo que consagra la creación, y a partir del cual ya no se crean nuevos infiernos, sino «un nuevo cielo y una nueva tierra» (Ap 21,1). La misericordia de la cruz, empapa todas las criaturas y su justicia, «toda la creación ha sido bañada en la sangre de Cristo» [MI I, 12, 252], en expresión de san Ignacio.

Este momento es la hora de la misericordia, la justificación del hombre en Cristo crucificado provoca la exclamación admirativa e invita a la conversión. El reverso de toda esta visión lo encontraremos en la contemplación para alcanzar amor, que analizaremos adelante, pero queda claro aquí un aspecto antropológico importante: que para san Ignacio el ejercitante o, mejor dicho, todo hombre de cualquier tiempo se haya alcanzado a la vez por la justicia de Dios, expresada en el enfurecimiento de sus criaturas, y por su admirable misericordia, manifestada en Cristo crucificado. En esta encrucijada que es la situación vital del hombre, la libertad de éste aparece como el elemento decisivo para, por la gracia de Dios y con la intercesión de los santos, «dejar las actividades de las tinieblas y pertrecharse con las armas de la luz» (Rom 8,25).

Esta meditación de los pecados se extiende en la repetición que propone san Ignacio, cuando penetramos en la

---

Sie machte aus den Rache-Engeln, den in der ersten Ursünde dem Gottmenschen true gebliebenen Geistern, die Schutz-Engel der im Kreuz erlösten Menschen. Das Kreuz match aus den Heiligen, für die das Ja zu Christus endgültig zum Guten ausgeschlagen ist und die darum an sich jene laut rufenden Ankläger gegen alle Sünder sein müsten («Wie lange noch, Herr, rächst du nicht unser Blut an den Erdenbewohnern?» Apk 6,10), die «für eine kurze Zeit Geduldigen, die da betend warten, bis ihrer Brüder Zahl vollstandig ist» (Apk 6,11) [Rahner, 1962: 272].

triple petición: de mis pecados, del desorden de mis operaciones y conocimiento del mundo. Surge en este punto, dice Rahner, un paralelismo antagónico: el espíritu de Satán, o mundo, como manifestación de los poderes del «príncipe de este mundo», fuerza totalmente opuesta a la de Cristo. Este antagonismo, que se desarrollará en la Segunda semana, está latente en la Primera semana en forma de orden-desorden. «Orden», opuesto siempre a «inclinaciones desordenadas», no se entiende como una mera pureza del alma en cuanto a un comportamiento ético, sino a una vuelta en Cristo al plan salvífico del Padre roto por el pecado. Orden y desorden son una versión de la antítesis pecado-salvación y de la que se irá concretando más profundamente en la Segunda semana: Cristo-Belial.

Toda la estructura de estas meditaciones acerca del universo de la gracia que se mide en una línea vertical ascendente, tierra-paraíso-Dios, se repite después en los coloquios referida a la historia personal de la salvación, María-Cristo-el Padre. La posición de María, Nuestra Señora, también reviste en este punto un carácter especial. Ella está puesta como intercesora, de modo especial, precisamente por ser aquella que, preservada y libre del pecado original por los méritos de Cristo, está frente al pecado de las criaturas desde el principio. Puesta de modo especial en el centro de la Historia de la Salvación, se halla también en la encrucijada de las tensiones del orden y del desorden, pues en ella el orden divino nunca se convirtió en desorden.

2.2.3. Sentido cristológico de la escatología del pecado

Rahner denomina contemplación de la escatología del pecado a la meditación que san Ignacio propone al final de la primera semana. Más que meditación se trata de lo que san Ignacio llama una «aplicación de sentidos», en este caso al misterio del infierno.

El ejercitante recorre aquí primero todas las dimensiones del infierno, «longitud anchura y profundidad» [EE 65], no porque de hecho tenga estas dimensiones, sino para hacer sensible la pena del infierno con el fin de arrancar del ejercitante el aborrecimiento del pecado.

De nuevo en el coloquio[79] se pone la mirada en el misterio extremo de la revelación. No hay más posibilidad de comprender el infierno que la fe en el amor divino sangrando desde la cruz sobre el infierno del abandono de Dios.

«El infierno, dice nuestro autor, es el eco necesario del amor y bondad ofendidos de Aquel que permitió la perforación de su corazón de hombre»[80]. Así, la cruz de Cristo se hace juicio, que se pronunciará el día final, separando a los hombres según la fe en la Palabra encarnada. Antes, en, o después de la venida de Cristo ha sido pronunciado un sí o un no a Cristo por los hombres según los tiempos. De esta manera se reúne, en el reducido espacio del corazón del ejercitante, la síntesis de todos los tiempos en un hoy de Cristo, que es un hoy de misericordia que llama a escuchar su voz y a no endurecer el corazón, según aquella exhortación de la carta a los Hebreos: «Cuidado, hermanos, con que

---

[79] «Coloquio. Haciendo un coloquio a Christo nuestro Señor, traer a la memoria las ánimas que están en el infierno, unas, porque no creyeron el advenimiento, otras, creyendo, no obraron según sus mandamientos, haciendo tres partes: 1ª parte. La 1ª, antes del advenimiento. La 2ª en su vida» [EE 71].

[80] *Hölle ist die lebesnotwendige Auswirkung der zornigen Güte dessen, der sich sein Menschenherz hat durchbohren lassen* [Rahner, 1962: 278].

ninguno de vosotros tenga un corazón dañado por la incredulidad, que lo haga desertar del Dios vivo; no, mientras resuena ese hoy, animados unos a otros día tras día, para que ninguno se endurezca seducido por el pecado. Porque somos compañeros del Mesías (Heb 3,12-14)».

3. La cristología de la 2ª semana

3.1. Introducción

Todo el contenido teológico y cristológico de la Primera semana se precisa y toma forma en la Segunda. Si en la Primera semana, en la interpretación de Rahner, se hacía converger toda la creación y todas las miradas hacia la cruz donde se encuentra el Verbo encarnado, ahora Cristo ofrece la posibilidad real de la consecución del fin para el que hemos sido creados. La Segunda semana responde a la pregunta que se formulaba en la Primera: ¿qué debo hacer por Cristo? En la segunda semana, dice Rahner, debe esclarecerse, desde el punto de vista bíblico y de la historia de la salvación, en qué medida puede ser la vida terrenal de Jesús no solo graciosa facilitación de la elección de vida, sino también su norma definitiva.

3.1.1. Teología de la vida de Jesús

La configuración de la vida con la de Cristo, objetivada en los Ejercicios, se va a ir realizando sobre todo en la consideración de los *mysteria Christi*. Estas consideraciones tienen lugar sobre todo en la Segunda semana y se extienden en la Tercera y Cuarta. Van dirigidas a la elección y, aunque la «Llamada del Rey» es anterior en los Ejercicios, arroja luz explicarlo primeramente. El fin que persiguen lo expresa el propio Ignacio en forma de petición: «Conoscimiento interno del Señor, que por mí se ha hecho hombre, para que más le ame y le siga» [EE 104]. La vida terrena de Jesús, dice Rahner, es la causa de nuestra vida de gracia [Rahner, 2019: 142]. De ahí la importancia de su consideración.

Rahner invita a esbozar una historia de la imitación de Cristo para situar más en su conjunto la cristología de los Ejercicios. Recordemos que la historia de los misterios de la vida de Jesús en los Ejercicios parte de la lectura que realiza Iñigo convaleciente en Loyola. Allí tendrá acceso a la lectura de dos libros: La *Vita Christi* del cartujo alemán Ludolfo de Sajonia, que leyó en una edición española de lujo en cuatro tomos traducida por Fray Ambrosio de Montesino y que apareció en Alcalá en 1502-1503. El *Flos Sanctorum* de Jacobo de Vorágine que leyó en la traducción del cisterciense Gauberto Maria Vagad aparecida en Zaragoza en 1493 e impresa de nuevo en Toledo en 1511. El tercer libro que leyó en el retiro de Manresa y que le acompañó en su vida de peregrino fue la *Imitación de Cristo*, que en el momento se pensaba que había sido escrita por el canciller de París, Gerson, y no por Kempis como sabemos ahora.

El primero de los autores y su obra fue muy célebre en aquellos momentos. Santa Teresa, por ejemplo, la leía y recomendaba. Esta obra influyó enormemente en la *Devotio moderna* de los siglos xv y xvi, alimentando así la espiritualidad y piedad popular que partía de la meditación de los evangelios, de la humanidad histórica de Cristo y corría pareja a un pensamiento sistemático-metafísico de los grandes tratados teológicos de la época [García Mateo, 2002]. La obra del Cartujano se halla entre las más conocidas junto a otros autores importantes como Cisneros, Erasmo de Rotterdam, Alonso de Madrid, Gerardo von Züphen, Juan Mauburnus, y también de la alta edad media hasta Werner de San Blas y el Pseudo-Bernardo algunos de los cuales se han querido ver como influyentes en la cristología de san Ignacio, cosa de la que duda Rahner [2021: 58-78].

La historia de la teología sobre los misterios de la vida de Cristo en la *Devotio moderna* enlaza con las enseñanzas del período patrístico y también en las actas de los mártires. Los *mysteria Christi* se desarrollaron sobre todo en el campo homilético, litúrgico y en los comentarios bíblicos. Los Padres postnicenos se ocuparon de los misterios de Cristo especialmente de su humanidad, mientras que Atanasio, los Capadocios y Cirilo de Alejandría resaltaron la divinidad en la humanidad, centrándose en el bautismo, las tentaciones, la transfiguración, resurrección y ascensión [Grillmeier, 1971: 21-33].

Pero yendo más allá cabría remontarse a la propia teología del Nuevo Testamento, especialmente de san Pablo, sobre la imitación de Cristo tan amplia y abundante en este sentido. Aquí caben todas las expresiones de prefijo «con» que manifiestan la configuración del cristiano con Cristo: «sufrir con él» (Rm 8,17; 1 Cor 12,26); «ser crucificados con él» (Rom 6,6; Gál 2,20); «morir con él» (2 Tim 2,11; 2 Cor 7,3; Rom 6,8); «ser sepultados con él» (Rom 6,4; Col 2,12); «resucitar con él» (Ef 2,6; Col 2,12; Col 3,1); «sentarse en su trono» (Ef 2,6); «ser glorificados con él» (Rm 8,17); «reinar con el» (2 Tim 2,12; 1 Cor 4,8) [Rahner, 1962: 284, nota 65].

El misterio de la cruz de Cristo muestra el plan salvífico de Dios y el modo en que se revela y que san Pablo opone a sus adversarios en 1 Cor: Jesús es Jesús crucificado. Y Jesucristo, además, nos ha sido dado en el bautismo y en la Eucaristía, muerto y resucitado [Solano, 1980: 10]. Esta ha de ser la comunión y configuración con él.

A lo largo de las semanas de los Ejercicios los misterios de la *vita Christi* van desde la encarnación hasta la ascensión, y expresan una comprensión global de los misterios de la fe. Todo ello marcado por el fin de la elección. Se propone a Cristo, muerto y resucitado, como la elección hacia la cual debe encaminarse el ejercitante.

Rahner advierte del peligro de desequilibrar la tensión que existe en la unión hipostática, tanto hacia un lado como hacia otro, peligro que se traduce en la desviación de la moral y de la espiritualidad. Por un lado, del peligro de la gnosis [Rahner, 2019: 133], pues «la carne no es devorada por la dignidad divina» [Rahner, 2019: 134], o de una humanidad que se hunde en lo terreno sin llegar a elevarse. En la vida de Jesús encontramos el equilibrio divino entre peuma y carne:

> Los ejercicios de san Ignacio pueden ser considerados como el cambio universal en el que, mediante la contemplación de los «misterios de la vida de Jesús», se despertó en la piedad el sentido para el todo, para lo humano, y con esto, también ese olfato hacia toda unilateralidad exagerada, inhumana. Desconfianza que tan significativa fue para la conservación de lo integramente católico, preservándolo de todas las desviaciones, tanto de las que nacen de la exaltada espiritualidad de los pneumáticos, como de las que se originan en la tranquila moderación y seca ortodoxia de los psyquicos, la cual se convierte, fácilmente en vulgaridad ramplona [Rahner, 2019: 134].

La consideración de la vida de Jesús tiene el trasfondo lógico que venimos considerando acerca de la unión de tensiones. La tarea de la teología de la vida de Jesús, dice Rahner, consiste en ver y endentar con ojos «dichosos» lo que ni profetas ni reyes pudieron ver. «Justamente esta condición terrena de Dios, es el único acceso a la "gnosis" de su gloria» [Rahner, 2019: 133].

Además, en la consideración de los misterios de la vida de Jesús encontramos escondido de nuevo un binomio que marcará la tensión dinámica del resto de los Ejercicios, la polaridad trabajos-gloria:

> La estructura profunda, a partir de la cual se lleva a cabo la configuración con Cristo en el enfrentado movimiento de los espíritus, es el binomio antagonista «trabajos-gloria» (93 y 95). Expresado en términos teológicos significa la aporía insoluble entre la vida de Dios en la humildad de la carne y su gloria como Creador y Señor que se oculta y se manifiesta al mismo tiempo en ese misterio. Podríamos hablar del característico y fino instinto ignaciano para intuir la estructura sacramental de la vida de Jesús. La totalidad del Ser-en-la-tierra del Verbo es una única y grandiosa parábola que apunta al sentido de lo invisible[81].

---

[81] *Die Grundstruktur, aus der die in der Geisterbewegung zu erfassende Angleichung an dieses gottmenschliche Leben sich vollzieht, ist der Gegensatz von labor (Mühe) und gloria (Herrlichkeit) (93 und 95); theologisch ausgedrückt: die unauflösliche Aporie zwischen dem Leben Gottes in der Geringheit seiner irdischen Erscheinung und der darin sich verhüllenden und zugleich offenbarenden Herrlichkeit des Schöpfers und Herrn. Wir könnten geradezu sprechen von dem für Ignatius so bezeichnenden feinen Sinn für die sakramentale Struktur des Lebens Jesu. Das ganze Erdendasein des Wortes ist eine einzige große Parabel auf die unsichtbaren Dinge hin* [Rahner, 1962: 283].

Se trataría sobre todo de entender que «era necesario que el Mesías padeciera para entrar así en su gloria» (Lc 24,25 y 26,44-46; 1 Pe 1,10-12). Este aspecto lo veremos desarrollado cuando hablemos de las Dos Banderas y de la meditación de las tentaciones del desierto[82].

El P. Rahner desciende a la explicación de algunos de estos misterios para las meditaciones de los doce días de la Segunda semana con algunas anotaciones sobre el sentido y su intención dentro de los Ejercicios [Rahner, 1962: 286-289]. Estas, siempre tienen como fin la elección, y por eso están entremezcladas con otras consideraciones que mueven al sujeto a esa elección, como las «Dos Banderas», los «Tres Binarios» o los «Tres Grados de humildad». Encarnación y nacimiento son expresión de los trabajos que se le anuncian al ejercitante en la Llamada del Rey y apuntarían ya a la cruz. La Presentación en el Templo y la huída a Egipto iluminan el misterio de la vida redentora del Verbo encarnado como renuncia. Así también las meditaciones de los misterios de Nazaret y de la pérdida en el Templo, donde ya se apunta al exclusivo servicio del Padre, enlazando con el misterio del Bautismo en el Jordan y la posterior confrontación de Cristo y Satanás en el desierto.

En fin, todos los misterios expresan esa humildad de Cristo, su *kénosis*, que en su unión hipostática encierra en sí una dignidad divina, donde lo máximo y lo mínimo viven en comunión perfecta. Así expresó Scheeben esta verdad acerca de los misterios de la vida de Jesús:

> El hombre, o más bien la naturaleza humana, ciertamente era visible en Cristo para los ojos de los demás hombres; pero la

---

[82] Cf. en este libro cap. V, 3.3.3.

dignidad y la personalidad divinas de este Hijo del hombre, la unión hipostática de su naturaleza humana con la Persona del Hijo de Dios, la plenitud de la esencia divina que inhabitaba en él y las riquezas de la gloria y las riquezas de la gloria y santidad divinas que irradiaban de esta persona, estaban ocultas para los ojos terrenales y para la razón de la criatura. La humanidad de Cristo, visible en su constitución natural, fue introducida –según los privilegios sobrenaturales que en la unión hipostática y mediante la misma estaban latentes en ella– en la luz inaccesible de la divinidad, en cuyo seno reposaba y cuya gloria la llenaba [Scheeben, 1957: 356].

La meditación de los misterios de la vida de Cristo va acompañada por el progresivo discernimiento de espíritus, en el que se va desentrañando el misterio de la divinidad que se «esconde» en la carne de Cristo Jesús. Este discernimiento, dice Rahner, es una penetración creciente en el dogma calcedonense, en su simultánea y sacramental polaridad, expresados en los Ejercicios en la polaridad trabajos-gloria. Discernimiento entre la humildad y pequeñez de la naturaleza humana (trabajos) y el esplendor de la divinidad que en ella se encubre (gloria) [Rahner, 1962: 285].

3.2. Cristología de la meditación de la Llamada del Rey

3.2.1. Llamada del Rey y Principio y Fundamento

La meditación del Reino de Cristo constituye un nuevo Principio y Fundamento. No solo porque tiene una función semejante al de la Primera semana, sino porque es una proyección del fundamento sobre la economía de la salvación. Colocados paralelamente observamos mejor su mutua relación:

Principio y fundamento	*Llamada del Rey*
Homo creatus est	Verbum caro factum est
Reliqua super faciem.	nº 95 «El Rey eternal»
Qui impediunt (peccata).	nº 95 y 97 «pena» y «gloria»
Salus animae	Reconquista del mundo
indifferentia	nº 96 «Los que tienen juicio
los que más	y razón»
	nº 98 La oblación al Rey

De aquí se puede ver aquello que decíamos al hablar del Principio y fundamento. Cristo es el Rey, el Señor que ya se hacía presente a los ángeles y en el Paraíso, que san Ignacio hace presente a todo hombre mediante esta parábola, en una invitación a la elección por él. El ejercitante que ha podido experimentar la hondura teológica del pecado encuentra aquí la respuesta a la pregunta latente en la Primera semana. Cristo Señor es el que llama y se revela a sí mismo como guía y meta del hombre. El hombre encuentra en él el fin último de su vida[83].

El fin propio, objetivo principal de la meditación, no es un sentido apostólico, o una determinación ascética de la vida. Se trata de la comprensión de que la extensión del reino de ese rey se produce en la identificación con sus trabajos. Tra-

---

[83] La parábola del Rey, por otro lado, ha suscitado otra cuestión muy debatida acerca del fondo histórico. Por una parte, los que opinan que se trata de la lealtad medieval del caballero para con su rey y, por tanto, se trata de un lenguaje anticuado, más propio de la nobleza feudal, y por tanto habría que modificar, actualizar o simplemente dejar. De otra parte, y aquí se encuentra Rahner, los que piensan que el rasgo fundamental de la parábola ha de comprenderse de manera vital aún hoy: que la humanidad reclama hoy, como siempre, la pertenencia a un jefe. El concepto de «rey» no es algo ligado a la historia, sino que concierne a la propia revelación referida a Dios y a Cristo. Prueba de ello es la fiesta litúrgica de Cristo Rey del Universo [Rahner, 2021: 217-222].

bajos por el reino significan el orden de la propia vida en la lucha contra la carne y el mundo, que en última instancia es lucha contra el enemigo de la naturaleza humana, y cuya victoria definitiva se produce en la cruz.

3.2.2. Cristología de la Llamada y del seguimiento

La cristología del Señor que llama la encontramos enraizada en el misterio bíblico-teológico que encierra la palabra «vocación», misterio que acompaña toda la historia de la salvación, la historia del Pueblo de Israel y de la Iglesia.

La «empresa» es la formulación en lenguaje clásico de la vela de armas del mundo caballeresco. Formulación que expresa teológicamente aquello a lo que Cristo llama concretamente: la colaboración en su obra redentora. Se trata de una llamada a colaborar en una victoria, de hecho, histórica: la victoria de Cristo sobre Satanás. Esta victoria se produce no en una victoria militar o política, sino en lo que expresa la teología de los Padres, «sacar el remedio de la herida producida por el enemigo». El contenido de la llamada que se repite en la historia lo describe el propio Rahner:

> Aquello que tuvo lugar una vez en la historia de la salvación, cuando Israel, en una demoníaca perversión, esperaba la venida del Mesías como la llegada de un salvador solo glorioso y no del siervo de Dios sufriente, eso mismo sucede también ahora en nuestra existencia, cuando intentamos espiritualmente la *Imitatio Christi*[84].

---

[84] *Was sich einst heilsgeschichtlich an Israel vollzogen hat in der teuflischen (Jo 8,44) Pervertierung der Messiaserwartung als des irdisch-politischen Kommens des nur glorreichen Erlösers und nicht des leidenden Go-*

Se trata de la victoria que se produce en el misterio de iniquidad de Dios. En el misterio que encierra esta parábola, Ignacio formula, dice Rahner, «la más radical teología de la cruz» expresada de una doble forma. Por un lado, la elección a favor del Padre que se lleva a cabo en la muerte del propio Hijo. Y de un rechazo del Padre de la mentira.

La gracia de oír la llamada es una comprensión que configura la vida y consiste en caer en la cuenta de que todavía hoy es posible colaborar con Cristo en el establecimiento de su reino por la asimilación concreta del principio fundamental de ese reino: primero trabajos y después gloria; primero la cruz y luego el gozo (Heb 12,2) todo ello referido a la lucha contra Satanás como personificación de todos los enemigos de la cruz (carne y mundo), es decir, en el alistamiento bajo el estandarte de la cruz como resultado de un don gratuito y dignación de Dios.

Por tanto, oír la llamada a participar en la empresa significa ser llamados al seguimiento de Cristo por el mismo Cristo, Sumo Capitán. Y seguimiento viene a ser aquí la familiaridad con el rey y derecho a vestirse de su librea[85].

Llegados a este punto Rahner plantea la pregunta de por qué la respuesta de los que quieran distinguirse de veras en esta llamada del rey se centra en la disposición

---

ttesknechtes, eben das wird nun existentiell auch in der geistlichen Nachbildung der Imitatio Christi [Rahner, 1962: 291].

[85] Aquí Rahner sigue los datos aportados por el P. Ivo Zeiger acerca de la historia del ideal militar donde existe una decisión completamente libre y sin condicionamientos de seguir al rey por parte del que sigue. Pero a la vez se da una elección y dignación por parte del rey que admite al seguimiento [en Rahner, 1962: 291].

de querer imitar los trabajos y penalidades del Rey. No se precisa aquí, dice Rahner, el delimitar una vida apostólica sino:

> comprender exactamente que el reino de ese rey no tiene más posibilidades de continuar edificándose que la acción y entrega de unos hombres que se ofrecen incondicionalmente a Cristo [...] y solo de esta manera se encuentran en disposición de trabajar por ese reino[86].

Nos encontramos aquí, como hemos dicho, con el misterio de la asociación de los hombres a la obra redentora de Cristo. Misterio que toca uno de los núcleos fundamentales de la fe. El misterio de la participación del hombre en el misterio de Dios y en su designio divino de salvación del mundo. Y más aún, cómo esa asociación en grado máximo pasa por la imitación y participación en el mismo destino que el Señor crucificado. Entrar en la cristología de ese ofrecimiento que se hace al rey ayuda a entender el sentido de la oración oblativa que pone san Ignacio[87].

---

[86] *Sondern um die Einsicht, daß das Reich des Königs sich letzlich immer nur durch Menschen weiterbauen läßt, die sich Christus dem opfernden und so siegenden König ohne Rückhalt anbieten und so allein imstande sind, am Reich mitzuarbeiten* [Rahner, 1962: 292].

[87] «Eterno Señor de todas las cosas, yo hago mi oblación, con vuestro favor y ayuda, delante vuestra infinita bondad, y delante vuestra Madre gloriosa, y de todos los sanctos y sanctas de la corte celestial, que yo quiero y deseo y es mi determinación deliberada, solo que sea vuestro mayor servicio y alabanza, de imitaros en pasar todas injurias y todo vituperio y toda pobreza, así actual como spiritual, queriéndome vuestra sanctísima majestad elegir y rescibir en tal vida y estado» [EE 98].

3.2.3. Cristología de la oración oblativa

En cuanto sea voluntad de Dios, el ejercitante debe aspirar a lo que más le asemeje a Cristo humillado, por encima incluso de lo estrictamente necesario para la salvación. Es aquí donde encontramos expresado que lo máximo y lo mínimo se hace presente también en aquellos a los que Cristo llama a colaborar en la obra de la Redención. El Señor salva, pero llama a una colaboración en su obra. Y llama a participar en ese anonadamiento en lo mínimo:

> Cristo es aquí el «Eterno Señor de todas las cosas», por tanto, también el Creador, Señor y Fuente de todos los bienes infinitos, él es el Creador y Señor encarnado puesto que la oración menciona inmediatamente a su «gloriosa Madre»; él se presenta «delante» como glorificado (lo mismo que en el coloquio con el Crucificado «presente»), su gloria es la corte celestial de los ángeles y de los santos, es decir, la comunidad de los que por su sí a la llamada del Verbo encarnado tienen parte ya en la victoria del rey[88].

En el sentido de la oblación al rey eternal nos volvemos a encontrar con el Principio y Fundamento. Aquí se comprende mejor en qué consiste aquel «más» de la última frase del

---

[88] *Christus ist hier der «ewige Herr aller Dinge», also Schöpfer und Herr und Quell aller unendlichen Güter; er ist der fleischgewordene Schöpfer und Herr, denn das Geber nennt sofort, «deine glorreiche Mutter»; er ist als Verherrlichter gegenwärtig («delante», genauso wie 53 im Gespräch mit dem gegenwärtigen Gekreuzigten), Seine Glorie ist der himmlische Hof der Engel und Heiligen, also die Gemeinschaft aller deber, die in ihrem Ja zum menschgewordenen Word bereits am Sieg des Königs teilnehmen* [Rahner, 1962: 293].

Principio y Fundamento. El más, lo máximo, en el hombre se centra aquí en la respuesta que dará el ejercitante.

Al ofrecimiento que hace el ejercitante corresponde la gracia de Cristo, al que se dirige con las palabras «tu divina Majestad». Esta gracia consiste en que Cristo «elige y recibe» al ejercitante que así se lo suplica. Un nuevo apartado se nos abre aquí en la explicación de Rahner. El misterio de Cristo toca el misterio de la gracia. Y lo toca en la respuesta que el hombre da a la llamada del Jesucristo:

> Todo se adapta a la doble forma de la oración oblativa final, impregnada de sentido teológico de la gracia: ¡tomad y recibid! (234), es decir, ¡recíbeme! Esta es la indivisible estructura de la gracia. Consiste en la disposición de Dios y en la disponibilidad del que ha recibido la gracia, todo en la ineludible perspectiva de un fin ya intuído en la llamada del rey: la configuración con Cristo crucificado y victorioso en la cruz. Desde aquí se ve con más claridad por qué en el nº 97 propone Ignacio la posibilidad de una doble respuesta. La primera consiste en el «ofrecerse»; la segunda en el «distinguirse». El hombre de la segunda respuesta aspira a vestirse de la misma livrea de su rey, el de la primera queda descrito con las palabras de Ignacio: «esté al menos interiormente dispuesto a soportar con paciencia y por amor a Cristo todas las adversidades» [MHSI 76, *Direct.* 78].

En resumen. Nos hallamos ante una de las meditaciones fundamentales de los Ejercicios. Una meditación que, para nuestro autor, es prolongación de la consideración del Principio y Fundamento y que se proyectará hacia el misterio de la cruz de Cristo más aún en la meditación de las Dos Banderas. En la «Llamada del Rey» se encierran, además, aspectos característicos de la cristología ignaciana: la teología del seguimiento de Cristo, la del Reino de Cristo en lucha contra el Príncipe de este mundo, la teología de la cruz, son algunos de los aspectos teológicos que aparecen en esta meditación. Todos ellos se irán desarrollando en el resto de los Ejercicios Espirituales. Por otro lado, las aporías en torno al misterio de Cristo sobre las que Hugo Rahner investigó se van concretando y vislumbrando mejor. La tensión trabajos-gloria, por ejemplo, es expresión de ello.

3.3. Cristología de la meditación de las Dos Banderas

La meditación de las Banderas constituye para Rahner una unidad indivisible con la meditación del Rey eternal. «Se puede decir que es como un desarrollo plástico del dramatismo salvífico llevado a sus últimos detalles latentes ya en las palabras del rey: "Mi voluntad es someter todo el mundo y a todos mis enemigos y entrar así en la gloria de mi Padre" (EE 95)»[89].

Estamos ante una de las meditaciones fundamentales de los Ejercicios y que mejor describen la cristología y el pensamiento ignaciano. El sentido de la meditación nos lo da el mismo Hugo Rahner:

> Se trata aquí de una visión de las opciones interiores del hombre, que se sitúa frente al plan de la historia del mundo. No debería darse ninguna formación ascética sin esta mirada universal que, porque cree en el poder de Cristo y de los pocos que se dejan llenar totalmente por Él, ve la opción del mundo entero pendiente de la opción del individuo. No se trata, pues,

---

[89] *Sie est sozusagen die auf ihre letzten Bezüge gebrachte Entfaltung der Dramatik des Heilswerks, die schon (95) dem Wort des Königs inneliegt: «Mein Wille ist es, die ganze Welt und alle Feinde zu unterwerfen und so in die Herrlichkeit meines Vaters einzugehen»* [Rahner, 1962: 296].

lo volvemos a repetir, de una consecuencia apostólica, sino de una transformación y renovación de todo el hombre según el modelo, Cristo [Rahner, 2021: 226-227].

3.3.1. Marco cristológico de la meditación de las Dos Banderas en la Segunda semana de los Ejercicios

Para entender mejor la cristología de la meditación de las Banderas Rahner enmarca la meditación en el proceso espiritual y teológico de la Segunda semana de los Ejercicios. Efectivamente, la meditación se encuentra tras las meditaciones de la infancia y justo antes de la ida de Jesús al Jordán para ser bautizado.

En las meditaciones de la encarnación y el nacimiento el ejercitante, proyectado hacia la cruz, ha visto cómo se realiza de manera concreta el reino de Dios. Junto a esto tiene la mirada puesta en la elección, contemplada como un fin[90].

Las contemplaciones previas a las Dos Banderas son una serie de meditaciones que san Ignacio propone con la intención de tener la mirada puesta en la elección. Esas meditaciones apuntan al misterio de la cruz de Cristo, como actitud

---

[90] Así explica nuestro autor la disposición que ha de tener el ejercitante: «Mantener fija la mirada en esa disposición para aceptar la cruz que él denomina "tercer grado de humildad", y que encontró en María su más egregia encarnación humana: "ver cómo Nuestra Señora se humilla y da gracias a la divina Majestad" (EE n. 108). Estos dos son misterios, al mismo tiempo, síntesis actualizante del misterio cristológico que irrumpe directamente en la configuración del hoy y el ahora para un mejor seguimiento e imitación de nuestro Señor que se hace hombre (109), haciéndome yo pobrecito y esclavito indigno como si presente me hallase" (EE n. 114)» [Rahner, 1962: 294].

previa que dispone al ejercitante a esa elección. Así, los misterios de la vida de Cristo apuntan siempre al misterio de la cruz. En el fondo se presenta la misma elección de vida hecha por Jesucristo. Esta elección comienza en el «arriba del Padre» en el seno de la Trinidad: «Hagamos redención al género humano» (meditación de la Encarnación) [EE 102]. Pero su dramatismo se va acentuando progresivamente desde los misterios de la infancia, presentación del templo, huida a Egipto y especialmente en la desaparición de Jesús en el templo que se consuma en el abandono de Nazaret.

La realización de la obra mesiánica de Jesús en lucha contra Satanás, dice Rahner, tiene una relevancia especial a partir de la salida del anonimato de Nazaret y en su aparición pública para ser bautizado. La obra de la salvación, según el pensamiento de los Ejercicios, tendría como un comienzo más activo en este momento del comienzo de la vida pública[91]. El enfrentamiento al Príncipe de este mundo se hace más dramático a partir de este episodio evangélico [Rahner, 1962: 296].

---

[91] Según Rahner esta visión ignaciana se debería en parte a la lectura de la *Vita Christi* de Ludolfo de Sajonia. Esto dice el libro que leyó Ignacio: «Cumplidos los 29 años y después de una vida oculta y llena de penalidades, dijo Jesús a su Madre: ha llegado la hora de salir a glorificar y dar a conocer a mi Padre manifestándome al mundo. Hasta ahora he vivido oculto; a partir de ahora debo dedicarme a la obra de la salvación que mi Padre me ha confiado al enviarme a este mundo. Y se va el Señor del mundo solo y descalzo a recorrer un largo camino. Mírale con amor y piedad, padece por amor con él, permanece dispuesto a seguirle hasta tu agotamiento pues su reino no es de este mundo. El se anonadó tomando la forma de esclavo y todavía no la de rey. El se hizo esclavo para hacernos reyes a nosotros». *Vita Christi* I 21 (ed. Lyon 1554, 103), citado en Cf. H. Rahner, *Die Christologie der Exerzitien*, 296-297; Los textos de la *Vita Christi* se pueden encontrar en la edición de García Mateo [2002].

Así, la vida pública de Jesús se entenderá más tarde como «vacar en puro servicio de su Padre eternal» [EE 135]. La vida de Jesús es la vida vivida bajo el signo de la cruz que en esta meditación aparece como estandarte. La Bandera de Cristo es la bandera de la cruz. De ahí que, precisamente, antes de este momento de la vida pública de Jesús, san Ignacio presente la lucha real que se libra entre Cristo y Satanás.

El marco de las meditaciones en torno a la de las Banderas viene continuado por la meditación posterior: «los Tres binarios», tipos diferentes de personas. Y poco más adelante, «las tentaciones en el desierto». Esta meditación de las tentaciones es como la concreción bíblica y salvífica de lo dicho en las banderas [Rahner, 1962: 301]. Lo veremos más adelante. La contemplación de la elección de los apóstoles cierra el conjunto de las meditaciones de la Segunda semana que refuerza la composición de elección de la cruz de Cristo que hace el ejercitante. Mientras, el ejercitante ha considerado las Tres maneras de humildad, meditación que dirigirá su elección y ordenación de vida hasta la cruz del Señor. La explicación de las demás meditaciones de la 2ª semana se verá así desde el sentido que les da la meditación de las Banderas.

3.3.2. Conceptos teológicos de la meditación

En la meditación de las Dos Banderas nos encontramos con los conceptos teológicos de Babilonia y Jerusalén como expresión de la lucha entre Cristo y Satanás[92]. Según nuestro

---

[92] Rahner en este punto, en cuanto al aspecto bíblico, remite a los estudios de Lyonnet [1956: 435-456]; y a las investigaciones de Tournier en el aspecto histórico patrístico: Tournier [1910: 644-665].

autor, estos conceptos, que podría haberlos hallado el santo en las lecturas de la vida de san Agustín del *Flos Sanctorum* de Vorágine, son efecto de las luces especiales que el san Ignacio recibió en Manresa[93].

¿Qué interpretación hace Rahner de las Banderas? Para él, Babilonia y Jerusalén aparecen como los símbolos de Satanás y Cristo respectivamente. Mientras que a Jerusalén le corresponde una visión de paz, Babilonia es la suma de las seducciones diabólicas. El «reino» en el Nuevo Testamento, recuerda Rahner, siempre es antítesis de «reino de Satanás». Esta antítesis entre Babilonia y Jerusalén constituyen una lucha entre dos reinos, aquí dos banderas. El reino se establece en la derrota definitiva de Satanás que tiene lugar en la cruz de Cristo, pero también en la victoria personal de Cristo en el corazón de cada hombre, del ejercitante. Son, por tanto, dos tiempos en los que se produce la victoria de Cristo. De nuevo tenemos aquí una tensión, esta vez escatológica. Se trata de la prolongación de la encarnizada lucha entre Cristo y Satanás en el misterio de la Iglesia:

> Todo lo que aquí se hace bíblicamente visible por un instante y a plena luz del sol no es más que un episodio de la encarnizada lucha entre la luz y las tinieblas que empuja hacia la cruz como la hora exacta del poder de esas tinieblas [Lc 22, 53] y concluye en el instante de la última aparición del rey que derrota definitivamente a Satanás con el aliento de su boca (2 Tes 2, 8). El tiempo intermedio entre la victoria de la cruz y la del

---

[93] Para Rahner, queda excluida la opinión de que Ignacio tomara fuentes más antiguas como *De pugna spirituali* de san Bernardo. Con todo, «estos sugestivos elementos están en conexión con la teología católica de la historia en la Edad Media y nos recuerdan la *Ciudad de Dios*, de san Agustín» [Rahner, 2021: 225-226].

tiempo final está caracterizado por la lucha sin tregua dentro de la Iglesia que, en cada momento, se decide por la acción especial de unos hombres llamados por la gracia de su divina Majestad a intervenir según el principio fundamental de «los trabajos y la gloria», es decir, imitando en su vida a Cristo, solo victorioso en cruz[94].

Esta lucha se expresa también en los tres escalones de los sermones de Satanás y Jesús en los discursos que san Ignacio pone en su boca. La solicitación diabólica propone codicia de riquezas – vano honor - soberbia. Frente a ello, la propuesta de Cristo pasa por pobreza actual – humillación – humildad. Esta escala, dice Rahner, resulta válida para todos los tiempos y se puede exponer en formas parecidas. Lo satánico, por ejemplo, se puede presentar con otras categorías: desear-tener, querer- figurar y querer ser[95].

El coloquio o diálogo con que termina la meditación no es menos importante para nosotros que el resto de la medi-

---

[94] *Was sich hier biblisch sichtbar für einen Augenblick lang ans Tageslicht drängt, ist nur ein Teilstück des ungeheuren Kampfes zwischen Licht und Finsternis hindrägt (Lk 22, 53) und endigt im Lichtglanz der letzen Ankunft des Königs, der Satan mit dem Hauch seines Mundes endgültig besiegt (2 Thess 2,8). Die Zwischenzeit zwischen dem Sieg am Kreuz und dem Sieg der Endzeit ist also gekennzeichnet vom dem in der Kirche sich fortsetzenden Kampf zwischen Christus und Satan, der immer von neumen und zunächst sich entscheidet durch die Menschen, die von der Gnade der göttlichen Majestät aufgerufen werden zur Teilnahme an dem Grundgesetz von Mühsal und Herrlichkeit, also zur Angleichung an den nur im Kreuz siegreichen Christus* [Rahner, 1962: 297].

[95] Nuestro autor encuentra en la génesis de las Dos Ciudades de san Agustín una idea que encierra los elementos de la teología patrística comprendidos en la meditación de las dos banderas: «El amor de Dios hasta el desprecio de sí, el amor propio hasta el desprecio de Dios» [Rahner, 1962: 297].

tación. La gracia que pide san Ignacio en este coloquio es la misma que pidió desde su conversión: ser asociado con Cristo. Esta gracia se pide aquí por la intercesión de Nuestra Señora. La Madre de Dios juega aquí un papel determinante por ser la que media en la asociación al misterio de Cristo. María ayuda a ser recibido bajo la bandera. Así se cumple lo que se pedía en la oración del *Anima Christi* al comenzar los Ejercicios: *pone me iuxta te*. Ser puesto con Cristo nos ayuda a entender en primer lugar que la llamada de Cristo, como a los apóstoles, es a estar con Él (cf. Mc 3,14). Cristo asocia a su persona. Él es el Camino, la Verdad y la Vida (Jn 14,6). En segundo lugar, pone de manifiesto que la misma vida de Cristo es la pobreza, actual y espiritual, la humillación y finalmente, la cruz como expresión máxima de su vida entregada. Ponerse, por tanto, con Cristo es imitarle, vivir bajo el estandarte de la cruz, y ponerse en su pobreza, actual y espiritual, que es a lo que llama Cristo en el sermón de las Banderas [Rahner, 1962: 209-303].

Este coloquio-petición se hace a María y a Cristo, terminando en el Padre. De esta manera vuelve a aparecer una tensión fundamental: Cristo-mediador ante el Padre es a la vez Jesús-Criador y Señor, al cual se le pide ser recibido, asociado con él:

> Esta conclusión impregna toda la cristología de los ejercicios lo mismo en acceso al trono de la divina Majestad por la oración (106) que, y con mayor claridad, en la cristología trinitaria del Diario espiritual. La insoluble aporía entre Cristo-Mediador y Jesús-Creador y Señor pertenece a la esencia de la mística de san Ignacio y sirve para esclarecer con mayor profundidad la cristología de los Ejercicios Espirituales[96].

---

[96] *Die ganze Christologie der Exerzitien durchwaltende Abschluß, gleichsam das betende Ankommen an dem «Königstuhl oder dem Thron der*

3.3.3. El enfrentamiento de Cristo y Satanás y la meditación de las Tentaciones del desierto

Las meditaciones que siguen a la consideración de las Banderas son la ida de Jesús de Nazaret al Jordán y las tentaciones de Jesús en el desierto. San Ignacio propone esta meditación de las Tentaciones tras la consideración de los Tres binarios o tipos de hombres, y la de las Tres maneras de humildad. Para Rahner, la consideración de las tentaciones hace más incisiva y penetrante la Llamada del Rey, y es la concreción en un pasaje bíblico de la lucha de las Banderas [Rahner, 1962: 301].

El pasaje de las tentaciones pone de nuevo de relieve el misterio del Verbo de Dios y del pecado de los ángeles del que hablaba Rahner con ocasión de las meditaciones de la Primera semana. La lucha entre el Verbo de Dios y el «Homicida desde el principio» se hace ahora patente:

> Se pone en este pasaje en evidencia con desacostumbrada claridad lo que actúa desde el pecado de los ángeles: el Verbo encarnado se encuentra al comienzo de su obra situado entre el diablo y los ángeles fieles. La condenación definitiva del demonio se expresa en estas palabras: «Solo a Dios debes servir»; el juicio definitivo sobre los ángeles fieles es éste: vinieron y le servían. El servicio al Padre en el Hijo encarnado es el ideal más íntimo de su cristología para dar forma concreta a una vida

---

göttlichen Majestät» (106), wie dies am deutlichsten Word in der trinitarischen Christologie des Tagebuches. Denn die unauflösliche Aporie zwischen Jesus alter Mittler und Jesus als Schöpfer und Herrn gehört zu den wesentlichen Zügen der Mystik des hl. Ignatius und dient mithin auch zu einer tieferen Deutung der Christologie der Geistlichen Übungen [Rahner, 1962: 300].

según Dios. «Mística del servicio», se ha denominado a la teología de san Ignacio[97].

Esta «mística del servicio» se opone diametralmente a lo que propone Satanás. De hecho, para nuestro autor, la esencia de la tentación consiste, precisamente en pretender anticipar una gloria que debe ser merecida antes con oprobios. San Ignacio pretendería aquí desenmascarar de nuevo las astucias del enemigo y mostrar el auténtico programa del rey. Lo encontramos formulado por el Señor resucitado en su aparición a los dos de Emaús: que el Mesías tenía que padecer primero y después entrar en su gloria[98]. En el fondo, la tentación del desierto equivaldría, en términos ignacianos a gloria sin trabajos[99].

---

[97] *Denn jetzt tritt mit einer fase unheimlichen Klarheit ans Licht, was seit der Engelsünde am Werk ist: das menschgewordene Wort steht am Beginn seines Heilswerkes zwischen Teufel und Engel. Das endgültige Wort an den Teufel lautet: «Du sollst Gott dem Herrn allein dienen», das endgültige Wort von den treugebliebenen Engeln lautet: «Sie kamen herbei und dienten ihm». Dieser Dienst an der Majestät Gottes durch den Dienst an dem Menschgewordenen ist das innerste und nun in seiner Christologie am tiefsten erfasbare Ideal der Formung einer Lebensgestaltung. «Mystik der Dienstes» hat man treffend die ganze Theologie des Ignatius genannt* [Rahner, 1962: 301].

[98] Rahner, siguiendo la interpretación de Lyonnet, sostiene que la tentación fue esencialmente la de un mesianismo glorioso [Rahner, 1962: 301-303].

[99] Siguiendo el hilo del pensamiento rahneriano, la tentación consistiría en la separación de los polos de la tensión. En la tentación, Satanás se dirige a desequilbrar esa tensión acentuando uno de los polos y haciendo que se abandone el otro. De esta manera se rompería la tensión que encierra el misterio. El servicio a Cristo, el seguimiento, «es forzosamente para san Ignacio ir contra el demonio, existiendo un antagonismo entre reino de Dios y reino del demonio» [en Alfaro, 1974: 157-175].

Las tres tentaciones del desierto determinan de forma más concreta y aguda el triple discurso de Satanás en las banderas. La primera tentación invita a convertir las piedras en pan. Es la tentación de lo intrascendente. En el sermón satánico de las banderas sería el deseo de riqueza. La segunda tentación es una radical perversión de la gloria del Mesías y consistiría en pretender anticipar sin trabajos y sin cruz lo que vendrá un día en gloria. La tercera tentación se entiende a la luz de lo explicado sobre el pecado de los ángeles. En esta tentación vuelve de nuevo Satanás a una gloria sin trabajos. Pero, además, Lucifer propone, de alguna manera, lo que él mismo se negó a hacer: la adoración del Verbo encarnado, previsto por Dios: «Todo esto te daré si postrándote me adoras» (Mt 4,9).

En resumen. En esta meditación de las banderas, como dice nuestro autor, se ponen al desnudo los nervios de la economía de la salvación [Rahner, 2021: 182].

La meditación de las Dos Banderas forma una unidad indisoluble con la Llamada del Rey y ambas encierran la esencia más profunda de la cristología de los Ejercicios. En ella se expone claramente la lucha bíblica y escatológica entre Cristo y Satanás, que se explicitan en el pasaje de las tentaciones del desierto. Además, se acentúa el misterio del seguimiento de Cristo en los trabajos que debe padecer el ejercitante con Cristo. La elección a la que se dirige el ejercitante se da en la tensión entre la cruz y la gloria. Y la tentación de Lucifer consiste, precisamente, en pasar a un polo de la tensión abandonando el otro.

3.4. Cristología de la elección[100]

Elección y discernimiento forman un binomio. Efectivamente, los Ejercicios vienen moviendo al ejercitante al deseo de la elección de Cristo en el amor de la cruz. Los Ejercicios Espirituales han sido considerados como un método para tomar una decisión sobrenatural [Guibert en Rahner, 1958: 370]. Se dirigen a la elección y ordenación de la propia vida. «Elección» se entiende desde la escucha de la llamada del rey. Por tanto, tiene un componente de gracia y de intervención divina. Existe, pues, en la elección un segundo momento que implica una experiencia donde el ejercitante ha podido separar la voz de Cristo Rey de las insidias del enemigo. Es lo que Ignacio, en continuidad con la tradición de la Iglesia[101], ha llamado el «discernimiento de espíritus». «La elección y el discernimiento están tan estrechamente ligados como la gracia (o la tentación) y la decisión humana de la voluntad» [Rahner, 2021: 157]. En el fondo, el discernimiento,

---

[100] Sobre la elección en los ejercicios dice un Directorio autógrafo de san Ignacio: «En la segunda semana, donde se trata de elecciones, no tiene objeto hacer deliberaciones sobre el estado de vida a los que ya lo han tomado. A éstos, en lugar de aquella deliberación, se les podrá proponer que querrán elegir de estas dos cosas: la primera, siendo igual servicio divino y sin ofensa suya ni daño del prójimo, desear injurias y oprobios y ser rebajado en todo con Cristo para vestirse de su librea, e imitarle en esta parte de su cruz; o bien estar dispuesto a sufrir pacientemente, por amor de Cristo nuestro Señor, cualquier cosa semejante que le suceda» [Ignacio de Loyola, 1997: 315].

[101] Cf. En estos artículos [Rahner, 2019: 199-220 y 297-340] el autor explica la continuidad de la tradición ascética de los Padres de la Iglesia y de los santos con el pensamiento de san Ignacio, especialmente en lo referido al discernimiento de espíritus.

teológicamente considerado, es el conocimiento de la relación entre gracia y naturaleza, entre Cristo y el mundo [Rahner, 2021: 42, 49, 57, 63].

Rahner emplaza las reglas del discernimiento de espíritus [EE 316-336] en el núcleo mismo del contenido cristológico de los Ejercicios, pues se trata de la experiencia de la escucha de la llamada de Cristo y de lo que mueve a su seguimiento[102]:

> El discernimiento es una virtud de línea de combate, donde Cristo y Belial, la luz y las tinieblas se enfrentan uno contra otro inmediatamente, y donde el hombre espiritual tiene que desenmascarar a los «*ángeles de luz*» esparcidos como enviados de aquel «*trono de fuego y humo*» de Babilonia [Rahner, 2021: 75].

Y la humanidad de Cristo es la medida sobre la que debe juzgarse la autenticidad de los movimientos que suceden en el alma. Por esto, el discernimiento de espíritu eleva al ejercitante «hipostáticamente» [Rahner, 1964: 326].

Veamos el lugar teológico del ejercitante ante la elección. El ejercitante, que en su elección tiene que hacer un previo discernimiento de espíritus, se encuentra teológicamente entre el ángel bueno y malo, entre Cristo y el enemigo de la naturaleza humana. Más aún, según nuestro autor, «nos encontramos ante un discernimiento de espíritus entre el Cuer-

---

[102] Para Rahner es evidente la inseparable vinculación entre discernimiento de espíritus y estructura cristológica de los Ejercicios. Una de las cartas de Ignacio expresa esta relación entre los coloquios de Ejercicios y el discernimiento que se debe operar: «Plega a Nuestra Señora hacer de mediadora entre nosotros pecadores y su divino Hijo, y plega asimismo conseguirnos la gracia de trasformar nuestro débil y triste espíritu en un espíritu fuerte y alegre que cante sus alabanzas, a pesar de nuestras miserias y trabajos» [en Rahner, 1962: 300].

po Místico de Cristo y el del demonio»[103]. El ejercitante sufre en la elección la tensión de la lucha entre Cristo y Satanás porque se halla precisamente en medio de esa lucha. Sobre los tiempos de elección en los Ejercicios, Rahner los relaciona con la teología mística del *Diario espiritual* que vimos en el cap. III de esta obra. Dice así:

> Los «Tres tiempos» de la Elección pueden ser entendidos solo si está instalada en la perspectiva de la teología ignaciana de «arriba», «medio» y «abajo». De arriba viene el irresistible «Primer tiempo» de la Elección, cuando todo está lleno de la claridad «de arriba». «Abajo» es el «Tercer tiempo», la «letra» de elección racional. Esta elección, sin embargo, está sacada de la mera racionalidad, mediante la luz de «arriba», porque –y esto es absolutamente típico de Ignacio– entre el «arriba» y «abajo», entre el alboroto espiritual y la razón, está puesto el medio, el Mediador: el «Segundo tiempo» de elección es el camino de conocimiento por consolación y desolación, y el ejercitante siente esto en una meditación contemplativa de la vida de Dios en la tierra, en Cristo[104].

---

[103] Rahner [1964: 304] acude de nuevo nuestro autor a la doctrina de santo Tomás de Aquino acerca del pecado de los ángeles (*STh.*, I, q.114, a.1 c; *STh.*, III, q.8, a.7 c.). Ciertamente nos recuerda al lenguaje usado por san Ignacio en los Ejercicios: «La tentación parte de la maldad demoníaca que por envidia intenta impedir el bien de los hombres y por soberbia imita el poder de Dios encomendando a sus cómplices tentar echando redes y cadenas de la misma manera como los ángeles fieles cumplen las misiones encomendadas por Dios».

[104] *Man versteht die Dreigestalt der Wahlzeiten nur, wenn man sie einfügt in die Ortung der ignatianischen Theologie von Oben, Mitte, Unten. Von oben kommt die unwiderstehliche Wahl der ersten Zeit, hier ist alles erfüllt von der Klarheit des «de arriba». Unten ist die dritte Zeit: der «Buchstabe» des vernünftigen Auswählens, das dennoch durch das Licht von oben her der bloßen Rationalität entzogen ist. Denn —und hier ist Ignatius ganz er selbst— zwischen Oben und Unten, zwischen Geiststurm und Vernunft, ste-*

Así, todo el texto de las elecciones ha de interpretarse cristo-lógicamente. Todo está en relación con Cristo. «Gloria de Dios, salvación, servicio, fin, mundo, carne: la única manera de comprenderlo es *per Dominum Nostrum Jesum Christum*»[105].

En resumen, la elección precisa del discernimiento. Ade-más, la elección en los ejercicios implica para Rahner una imi-tación del Señor por encima de lo estrictamente necesario para la salvación y nos abre las puertas para una mayor identifica-ción con Cristo crucificado. El «más» del Fundamento se lee así a la luz de la elección. Incluso donde la elección no fuera po-sible siempre se busca la mayor gloria y alabanza divina, vi-viendo así el fin para el que el hombre ha sido creado[106].

4. La Cristología de la Tercera y Cuarta semana

4.1. Pasión – Resurrección[107]

En la Tercera semana, entiende nuestro autor, se desarrolla la elección que se ha venido haciendo a lo largo de los Ejer-

---

ht das «Mittlere», der Mittler: die zweite Zeit der Wahl ist die Weise der Erken-ntnis in Tröstung und Trostlosigkeit, die der Betende empfindet im anschau-enden Betrachten des Erdenlebens Gottes in Christus [Rahner, 1959: 232-233].

[105] «Lob Gottes, Heil, Dienst, Ziel, Welt, Fleisch: alles ist nur verstehbar "per Christum Dominum nostrum"» [Rahner, 1964: 305].

[106] Cf. EE 23; también cf. en esta obra cap. V, 2.1.

[107] Llama la atención la brevedad con que el P. Rahner explica la Cristo-logía de la Tercera y Cuarta semanas. Esta brevedad es debida, en parte, a que entiende que los núcleos fundamentales de los Ejercicios están contenidos en las Meditaciones de la Llamada del Rey y de las Dos Ban-deras. El resto de los Ejercicios sería un avance progresivo hacia lo que ya se ha contemplado en estas meditaciones.

cicios. «En la meditación de la pasión se da forma o se confirma la elección» [MHSI 76, *Direct.* 525]. La Tercera semana se centra en pasajes evangélicos de la pasión de lo que se había contemplado ya en la Primera semana: el pecado de los ángeles, de los primeros padres y Cristo ante el hombre pecador.

La identificación con Cristo que se persigue en esta semana es tal que el ejercitante pueda llegar a decir como Ignacio de Antioquía «mi amor está crucificado»[108]. San Ignacio pide la identificación mística con los sentimientos de Cristo. «Dolor con Cristo doloroso» y «quebranto con Cristo quebrantado» [EE 48. 203] serán la petición de la Tercera semana.

«Cristo quebrantado». Nuestro autor identifica esta expresión que usa san Ignacio con la «kénosis» de Cristo en san Pablo o la «deformidad» de Cristo en san Agustín. «Colgó de la cruz Cristo deforme pero su deformidad es nuestra mayor belleza. La fe en Cristo crucificado es nuestro camino. No nos avergonzamos de esa deformidad de Cristo», decía san Agustín [en Rahner, 1964: 276 y 309]. El Cristo que vemos en la Tercera semana es el mismo que el de la Primera, contemplado ahora en el desarrollo histórico de la cruz. El ejercitante, que se había situado en el lugar teológico del hombre pecador ante la cruz, se halla ahora ante la pasión. Antes para arrepentirse, ahora para identificarse con Cristo en la pasión. En la primera semana Cristo era el intercesor que nos forma por su sangre: *deformitas Christi informa me.* El desorden del mundo queda ordenado por Cristo desfigurado,

---

[108] Esta expresión de san Ignacio de Antioquía marca profundamente el corazón del de Loyola. Rahner habla en varias ocasiones de esta frase en Ignacio de Loyola y de la relación entre los dos Ignacios [Rahner, 1955; 1942: 282ss; 1964: 308-309].

por su sangre. De tal manera que todas las criaturas quedan bañadas en la sangre de Cristo. Ahora el ejercitante contempla esta verdad en su desarrollo histórico.

La teología de la cruz está presente en todos los Ejercicios. Vemos pues cómo Cristo en cruz ha acompañado al ejercitante en todo el proceso de los Ejercicios. La Tercera semana se adentra, para Rahner, en la más radical teología de la cruz. En otro esquema podemos ver esa presencia de la cruz antes de la contemplación de la Pasión en la Tercera semana:

«En la Primera semana:

23: Fundamento: en el trío «enfermedad, pobreza, deshonor» se evoca a Cristo crucificado aunque no se le nombre. La línea pasa por la meditación del Reino hasta los Tres Grados de humildad.

48: Una indicación más concreta: la posibilidad de optar más adelante por el sufrimiento.

53: Coloquio con el Crucificado y vuelta al Fundamento: «como Creador». Pregunta «¿qué debo yo hacer?».

61: Continuación: en el coloquio de la misericordia.

63: «Anima Christi»: oración a Cristo paciente.

71: Coloquio (a las puertas del infierno con el Crucificado, centro del Universo).

87: Motivo supremo para las penitencias: Imitación de la Cruz.

En la Segunda semana:

95: Consigna: «el que quiera venir conmigo, debe penar conmigo y así entrar en la gloria», n° 93 (san Pablo)

98: Consecuencia: «oblación…» al combate contra el mundo y la carne. Aquí se decide la historia del mundo en mi sector de combate.

116: Nacimiento para sufrir y morir en Cruz.

147: Ofrenda más precisamente formulada. El trío «Satanás, mundo, carne», opuesto a la configuración con la Cruz.

167: Llega el Fundamento a su último momento y, al mismo tiempo, al momento más personal: la locura de la Cruz como cima de la elección.

189: «tanto-cuanto» (*Imitación* I, 25): norma de autenticidad en la elección»

[Rahner, 2021: 180ss].

En las indicaciones que pone san Ignacio para las contemplaciones de la Primera semana se concretan también los distintos polos que existen en la tensión de la Cruz[109]. La divinidad se esconde en la humillación de la cruz. Más aún, en un acto íntimo de entrega de la vida. Lo máximo, la divinidad, se hace lo mínimo, la humanidad que quiere padecer aun pudiendo vencer a los enemigos.

La Tercera semana, por otro lado, concreta lo que también veíamos a la hora de hablar de la teología del *Diario espiritual*[110]. Se trata de la teología del descenso de Cristo, donde el *asiento* del Padre «arriba» se transforma en el solio real de un dinamismo de descenso *de vida eterna a muerte temporal* [EE 53 y 106]. El trono real es la cruz. El descenso de Cristo «de arriba» en su grado máximo, lo encontramos en los relatos evangélicos de la Pasión.

Aparentemente, es breve lo que Rahner dedica a la cristología de la Cuarta semana. Sin embargo, los *Ejercicios* son un

---

[109] «4º puncto. El 4: considerar lo que Christo nuestro Señor padesce en la humanidad o quiere padescer, según el paso que se contempla; y aquí comenzar con mucha fuerza y esforzarme a doler, tristar y llorar, y así trabaxando por los otros punctos que se siguen. 5º puncto. El 5: considerar cómo la Divinidad se esconde es a saber, cómo podría destruir a sus enemigos, y no lo hace, y cómo dexa padescer la sacratíssima humanidad tan crudelíssimamente» [EE 195 y 196].

[110] Cf. en esta obra, cap. III, 2.

proceso completo donde todos los misterios terminan en Cristo vivo y resucitado. En el fondo, el Crucificado que nos ha presentado en la Primera semana vence al pecado por la resurrección. Y el rey que llama durante la Segunda semana es Cristo Rey, Señor de la Historia, vivo y resucitado. Cristo, que en el hoy escatológico de la Iglesia, llama y convoca. Una cita de Clemente de Alejandría le da a Rahner el sentido de la respuesta a esta llamada de Cristo vivo:

> ¿En qué época necesita Cristo más tu colaboración, en el momento actual cuando el enemigo encarniza su lucha contra la Esposa de Cristo, o más tarde cuando Cristo haya vencido ya definitivamente y reine como rey y no necesite ya tu ayuda? Cualquiera comprende, por poca inteligencia que tenga, que es ahora. Ofrece, pues, ahora y con todo el corazón, tu ayuda a Cristo Rey y él te dará una gran recompensa después de su victoria[111].

La resurrección de Cristo es lo que posibilita una llamada actual al seguimiento de Cristo hasta la humillación que pide el tercer grado de humildad.

Las apariciones son las manifestaciones de Cristo resucitado a los discípulos. En el proceso de los ejercicios, además, son el encuentro del ejercitante ante la gloria que el mismo Cristo le había anunciado en la convocatoria del rey:

> Mi voluntad es de conquistar todo el mundo y todos los enemigos, y así entrar en la gloria de mi Padre; por tanto, quien quisiere venir conmigo, ha de trabajar conmigo, porque siguiéndome en la pena, también me siga en la gloria [EE 95].

La contemplación de estas apariciones también se ordena a la consolidación de la elección.

---

[111] Epístola de Clemente a Santiago 4, 3: GCS Pseudoclementinas I, 8s. [en: Rahner].

4.2. La Contemplación para alcanzar amor

Esta última contemplación está insertada como totalizante de la teología de los Ejercicios [Rahner, 1964 310-311]. Debe entenderse desde la cristología del conjunto de los Ejercicios. Cristo es el Creador y Señor de quien se habla y a quien se dirige el ejercitante en su última oblación: «Tomad, Señor, y recibid» [EE 234].

La teología del *Diario espiritual* asoma en la «Contemplación para alcanzar amor» más que en ningún otro momento de los *Ejercicios*. El descenso de las cosas «de arriba» en Cristo se hace patente tras la contemplación del descenso de Cristo. El Verbo encarnado está presente y actúa en todas las criaturas[112]. «El "Dios que trabaja" en la *Contemplación para alcanzar amor* [EE 236] es el hombre Jesús»[113]. Jesús está presente en todas las cosas: «cielos, elementos, plantas frutos, ganados». Cristo Mediador da el ser a las criaturas a través de la entrega redentora de la cruz. Las criaturas están bañadas en su sangre.

La gran oración oblativa final está envuelta también en un significado cristológico. El contenido mismo de lo que se pide y se recibe a cambio de este ofrecimiento de la entera libertad del ejercitante es el mismo Cristo:

> Él es el Creador y Señor a quien se devuelve toda la libertad. El es el Amor y la Gracia. Al ofrecernos a él una vez más nos

---

[112] «Considerar cómo Dios trabaja y labora por mí en todas cosas criadas sobre la haz de la tierra, id est, habet se ad modum laborantis. Así como en los cielos, elementos, plantas, fructos, ganados, etc., dando ser, conservando, vejetando y sensando, etc. Después reflectir en mí mismo» [EE 236].

[113] *Der sich «abmühende Gott» in der Schau zur Erlangung der Liebe [EE 236] ist Jesus der Mensch* [Rahner, 1964: 224].

atrevemos a decirle: «¡Tomad, Señor, y recibid!» Es el Señor a quien nos confiamos total y definitivamente completando con esa entrega nuestra elección, el mismo a quien nos dirigíamos al principio como al «Eterno Señor de todas las cosas»[114].

En definitiva, se trata de la mirada misma de Ignacio, místico y teólogo, que ha vuelto los ojos «arriba», tras contemplar al Señor crucificado. Todo pasa ahora por Cristo, Mediador entre Dios y las criaturas. Es una mirada nueva en Cristo, Eterno Señor de todas las cosas: «Hallar todas las criaturas en Dios, es hallar todas las criaturas en Cristo»[115].

La mirada del ejercitante en los Ejercicios, su elección, se ha ido dirigiendo cada vez más profundamente al misterio del abajamiento de Dios en Cristo. Según Rahner, la respuesta a la pregunta teológica de los Ejercicios *Cur Deus homo?* va dibujándose en el corazón del ejercitante en la medida en que descubre, con la gracia de Dios, cómo este misterio infinito le afecta personalmente y se puede contemplar incluso en las criaturas. Es decir, en la medida en que descubre la razón amorosa por la que lo divino se ha escondido en lo más pequeño: *Non coerceri maximo, contineri tamen a minimo divinum est.*

---

[114] *Er ist dem Schöpfer und Herr, dem man die ganze Freiheit zurükgibt. Er ist die Liebe und die Gnade. Ihm wagen wir, uns selbst noch einmal überbietend, zu sagen: «Nimm dir, Herr, und nimm an». Der Herr, dem wir uns endgültig und erst jetzt die Wahl abschließend hingeben, ist der gleiche, den wir am Anfang anredeten als den «ewigen Herrn aller Dinge»* [Rahner, 1964: 311].

[115] *Das Finden aller Kreaturen in Gott, ist das Finden aller Kreatur in Christus* [Rahner, 1964: 310].

5. La cristología en las *Constituciones*

5.1. La imagen de Cristo en las *Constituciones* de la Compañía de Jesús

El P. Rahner no hizo un estudio tan pormenorizado de la Cristología de las *Constituciones* como lo hiciera con los *Ejercicios Espirituales*. Tenemos, eso sí, un artículo sobre la imagen de san Ignacio en las *Constituciones*[116]. Allí nos cuenta Rahner cómo en este valioso escrito el santo, en el fondo, reflejó su misma persona.

Las *Constituciones* de la Compañía de Jesús constituyen una de las joyas de la doctrina espiritual de Ignacio. Ellas forman una unidad junto con los *Ejercicios*. Más allá de ser un simple Código legal son una equilibradísima expresión de la dialéctica de la libertad humana y la acción de Dios

En la hagiografía de los santos fundadores se acude con frecuencia a las reglas que escribieron para conocer la personalidad del fundador. Las *Constituciones* de la Compañía de Jesús son el vivo reflejo de la imagen del santo. Por ello, en ellas se concreta el mundo interior de Ignacio de Loyola. Por ejemplo, la parte novena de las *Constituciones*, «De lo que toca a la cabeza y gobierno que della desciende», es un calco de la persona de Ignacio y de su forma de gobierno de la Orden. Así lo veían sus primeros compañeros y también sus colaboradores más directos: Nadal, Ribadenira, Polanco [Rahner, 1964: 143-146].

---

[116] Se trata de un artículo que Rahner publicó unicamente en este recopilatorio y, por tanto, al ser uno de sus últimos artículos sobre san Ignacio, tiene un valor cronológico añadido [Rahner, 1964: 142-167].

Por tanto, para entender bien las *Constituciones* hace falta conocer el espíritu con que fueron escritas. Este espíritu es también el mismo que san Ignacio nos reveló en su *Diario espiritual*.

«La dialéctica, dice Rahner, que está detrás de las Constituciones puede ser interpretada con la expresión *Maiestas crucifixa*»[117]. Para Rahner, estas palabras resumen todas las tensiones de los misterios de la fe que san Ignacio fue capaz de unir. Ya había entendido Ignacio en las visiones de Manresa y de la Storta que el Reino de Dios estaba basado en el Creador y Señor que colgaba de una Cruz.

La unidad entre «Majestad crucificada» y el «Creador y Señor» es la dialéctica que late en las *Constituciones*. Así queda identificado el «todo mi Dios» del *Diario* de Ignacio con «Cristo crucificado». «El crucificado es la misma Divina Majestad a la que la Compañía rinde servicio y por eso se llama Compañía de Jesús» [Rahner, 1964: 165]. Siempre que se hable en las *Constituciones* de Creador y Señor, se estará refiriendo san Ignacio a la segunda Persona de la Santísima Trinidad. «Creador y Señor» siempre se puede sustituir por la «Majestad crucificada». Lo mismo que la Divina Bondad es sustituible por la denominación «Creador y Señor».

Lo opuesto a la Majestad Crucificada es el mismo Satanás, «enemigo de la natura humana». Y lo opuesto al servicio a esta Majestad crucificada es la «pompa y vanidad» del mundo [MI III, 20]. El joven novicio irá aprendiendo este servicio en las experiencias de peregrinación y de hospitales que san Ignacio marcará en las *Constituciones*.

---

[117] *Man könnte diese Dialektik der Konstitutionen auch umspannen mit dem Wort «Maiestas crucifixa»* [Rahner, 1964: 165].

En la parte IV del Examen General se encuentra una de las perlas preciosas de las *Constituciones*. El candidato es examinado sobre los deseos y la disposición para vestirse de la misma humildad del Criador y Señor:

> Asimesmo es mucho de advertir a los que se examinan, (encareciendo y ponderándolo delante de nuestro Criador y Señor), en quánto grado ayuda y aprovecha en la vida spiritual, aborrecer en todo y no en parte, quanto el mundo ama y abraza, y admitir y desear con todas las fuerzas possibles quanto Cristo nuestro Señor ha amado y abrazado. Como los mundanos que siguen al mundo, aman y buscan con tanta diligencia honores, fama y estimación de mucho nombre en la tierra, como el mundo les enseña, así los que van en spíritu y siguen de veras a Cristo nuestro Señor, aman y desean intensamente todo el contrario, es a saber, vestirse de la misma vestidura y librea de su Señor por su debido amor y reverencia, tanto que donde a la su divina Magestad no le fuese offensa alguna, ni al próximo imputado a peccado, desean passar injurias, falsos testimonios, afrentas y ser tenidos y estimados por locos, (no dando ellos occasión alguna dello), por desear parecer y imitar en alguna manera a nuestro Criador y Señor Jesu Cristo, vistiéndose de su vestidura y librea, pues la vistió Él por nuestro mayor provecho spiritual, dándonos exemplo que en todas cosas a nosotros posibles mediante su divina gratia, le queramos imitar y seguir como sea la vía que lleva los hombres a la vida [Examen General IV, 11; en MI III, 20].

Vestirse de la vestidura y librea de Jesucristo por amor a Él es el anhelo de san Ignacio y de todo jesuita. El cristocentrismo de las *Constituciones* es patente. Lo que san Ignacio anotó en su *Diario* es válido para las *Constituciones*: «la terminación a Jesús». Entendiendo como dice el *Diario*, eso sí, que «la terminación a *Jesú no diminuya devoción* de la Sanctíssima Trinidad, ni e contra» [MI III, 1, 123]. «Jesús el Creador y Señor, dice el P. Rahner, es la cumbre y consumación de las Constituciones» [Rahner, 1964: 165]. Así, en la Majestad crucificada encontramos resuelta la dialéctica de lo máximo y lo mínimo. Y el jesuita ha de vestirse de la librea de esa Majestad en la misma cruz y en la obediencia religiosa y al Sumo Pontífice, vicario de Cristo. El ideal de perfección que debe vivirse en los Ejercicios y en la Compañía, se resume en esto: «Servicio en la Iglesia, bajo la bandera de la cruz, para la gloria del Padre» [Rahner, 2021: 145].

5.2. La Divina Majestad como *Christus Rex Militans*

En el fondo, para nuestro autor, las *Constituciones* son reflejo también de la idea de *Militia Christi* que latía en san Ignacio. En varias ocasiones Rahner acude a esta idea. El seguimiento de Cristo consiste en entrar en su milicia. Es el ideal que se deja traslucir en la meditación de la Llamada del Rey.

Rahner se plantea si el concepto de *Militia Christi* es, en san Ignacio, un reflejo de la época o una idea tomada de la revelación[118]. Así, muestra cómo la naturaleza de la *Militia Christi* está presente ya en Gen 3,15, cuando Dios pone enemistad entre Satanás y la estirpe del Hombre. Esa estirpe es, en germen, la milicia de Cristo. El concepto de *Militia Christi* estaba en origen en el Antiguo Testamento y se halla presente en el Nuevo. En los profetas del AT vemos dibujada la persona del *Rex militans* y su reino venidero (cf. Is, 42,13-17; 49,11; 59-17; Zac 12-14; Dan 7,10; 7, 27; Joel 3,17-18). Pero

---

[118] Cf. Rahner [2021: 238]; y también en el capítulo *La imagen caballeresca del hombre moderno* [1968: 157-180].

también está retratada la persona del *Adversario* (cf. Job 1,6; Zac 3,1; 3, 15; Is 27,1) y también «su origen, su reino, los demonios, las naciones y los reyes, el mundo, Egipto y Babilonia, la Bestia, Israel alejado de Dios» [Rahner, 2021: 238]. En el Nuevo Testamento vemos claramente el enfrentamiento del Mesías y el Adversario, además del combate de Cristo contra la tentación, el combate de reino contra reino, expresado también en parábolas y la victoria de la cruz. Así también aparece en la teología paulina donde «los cristianos son los soldados de Cristo por la fe, por la victoria real del bautismo y por las armas de Dios: Ef 6,13; 1 Tes 5,8» [Rahner, 2021: 239-240]. El Apocalipsis nos revela el desenlace final y el comienzo de la dominación total del *Rex Militans*. Allí Cristo es el jinete fiel y veraz:

> Vi el cielo abierto, y he aquí un caballo, y el que lo montaba es llamado fiel y veraz, y con justicia juzga y hace la guerra. Sus ojos son como llama de fuego…y viste un manto empapado en sangre…tiene sobre su manto escrito su nombre: rey de reyes, señor de señores (Ap 19,11-16).

El cristianismo primitivo ocupa para Rahner un puesto importante en la idea de la *Militia Christi*. Según Rahner, está presente en la teología de los Padres como Ignacio de Antioquía, Clemente Romano, Justino, Clemente de Alejandría, Orígenes. Allí Cristo es el Emperador, y los cristianos, soldados por el bautismo y la confirmación, este último llamado *sacramentum militiae*[119].

Rahner explica cómo cuando un cristiano recibía el bautismo era consciente de que entraba en la milicia de Cristo rey. En la ceremonia, el catecúmeno se volvía hacia el este,

---

[119] Cf. en este libro cap. II, 1. 3.

por donde sale el sol y decía: «*Syntassomai soi, Christe*: Entro
en tus filas, Cristo». Y después, vuelto a occidente, a la región
de la muerte y las tinieblas gritaba: «*Apotassomai soi, Satana*:
Salgo de tus filas Satanás». Por eso, dice nuestro autor, que ya
se daba en el primitivo cristianismo el ideal de milicia:

> Este pasarse a las líneas de Cristo, esta pertenencia a Cristo rey,
> libre, consciente, muy peligrosa, eternamente irrevocable, esto
> es lo que considero el ideal caballeresco de los primeros cris-
> tianos. Mas esto significa, al mismo tiempo, la apotaxis, la re-
> nuncia libre, consciente e irrevocable al «príncipe de este mun-
> do», al gran enemigo del Señor, a Satanás, a sus pompas y a sus
> obras [Rahner, 1968: 164].

La victoria de estos soldados se da únicamente en la cruz,
pues el Señor se hizo rey por el derramamiento de su sangre
en su muerte de cruz. Rahner explica cómo esta victoria de
la cruz estaba simbolizada en los antiguos soldados:

> Cuando los griegos y romanos alcanzaban una victoria sobre el
> enemigo, erigían en el lugar donde éste se había dado definiti-
> vamente a la huida una señal de la victoria que llamaban «pun-
> to crítico» (= *tropaion*). Y en este signo colgaban las armas
> conquistadas al enemigo [Rahner, 1968: 161].

Así para los primitivos cristianos la cruz de Cristo se convirtió en *tropaion*, en trofeo del caballero victorioso.

Conocer este recorrido es importante porque, para Rahner, Cristo es el jinete, el caballero: «Este caballero Cristo que
cabalga a través de los siglos de la historia universal, el rey
libre que tiene la tierra bajo sus pies, que es elevado y sirve,
que va delante y es el último en abandonar el campo de batalla» [Rahner, 1968: 160]. Pero, a su vez, este ideal del jinete
Cristo se cumple en san Ignacio y se expresa en la Cristolo-

gía de los Ejercicios. La llamada del caballero Cristo se contiene en las meditaciones del Rey Eternal y de las Dos Banderas.

Y la expresión mística de las Dos Banderas la encontramos en las palabras del Padre al Hijo en la visión que San Ignacio tuvo en la Storta, «quiero que le tomes como tu servidor».

Ser recibido bajo la Bandera de Cristo. Es lo que le sucedió a Ignacio en la visión de la Storta, cuando Dios Padre le confirmó a Ignacio en su itinerario hacia la disposición obediencial al Papa que aquel grupo de sacerdotes iba a tener: «Yo os seré propicio en Roma».

Para Rahner, la actitud del servicio que ha de llevar a cabo el joven novicio o el que ha hecho los Ejercicios es la actitud del *«amor discreto* de un hombre noble, el sentimiento viril de lealtad del soldado de Cristo, que primero tomó forma en Ignacio, y ahora debe imprimirse en los hombres que se forman en su escuela de perfección» [Rahner, 2021: 146].

En resumen, la teología del seguimiento de Cristo en san Ignacio queda, pues, determinada por la elección de la bandera de la cruz y esto unido a la lucha y rechazo de la bandera de Satanás. En el fondo, se trata de entrar en la milicia de Cristo Rey. Y esta milicia es la Iglesia, a la que se accede por el sacramento del Bautismo. Los *Ejercicios Espirituales* de san Ignacio ayudan al ejercitante a introducirse, por la gracia, en esta vida de seguimiento real de Cristo en la Iglesia. Participando de sus *trabajos* participa de su *gloria*, y en Cristo adquiere una visión nueva de la vida:

> Esta dialéctica hipostática de la cristología de Ignacio da una característica especial a la formación espiritual tanto de Ignacio como de la Orden. Ninguno, después de todo, puede llevar

una vida espiritual a no ser que él mismo participe en el ascenso descenso de Cristo; en otras palabras, a no ser que llegue al «arriba» por el mismo camino que lo hizo al «medio, sumergiéndose junto con el Hombre que es Creador y Señor, en la muerte de la Cruz «abajo». Del «arriba» del eterno Padre fluyen, en Cristo mediador, en las absolutas profundidades. Esto, en la dialéctica de los Ejercicios Espirituales es el tipo de vida de la antítesis *labor et gloria* (EE 95). El «Dios que trabaja» en la *Contemplación para alcanzar amor* (EE 236) es el hombre Jesús. Jesús está «en todas las cosas creadas sobre la faz de la tierra», y esta contemplación del «cielo, elementos, plantas, frutos, ganados» corresponde exactamente con el llanto del pecador (60) que puede «sopesar» la naturaleza y gravedad del pecado mirando al Crucificado, Señor de todas las cosas (53)[120].

---

[120] *Die Folgerung aus dieser hypostatischen Dialectik der Christologie ist die für Ignatius und von daher für seinen Orden kennzeichnende Gestalt der Formung alles geistlichen Lebens. Denn dieses kann nur bestehen in einem Mitvollzug des in Christo absteigenden Aufstiegs; das bedeutet: durch das Mittlere so ins Oben zu gelangen, daß man mit dem Menschen, der Schöpfer und Herr ist, abstürzt ins Unten des Kreuztodes. Denn das Oben des ewigen Vaters ist im Mittler Jesus abgeströmt ins äußerste Unten. In der Dialektik der Geistlichen Übungen ist das der lebenzeugende Gegensatz von «labor et gloria» (EE 95). Der sich «abmühende Gott» in der Schau zur Erlangung der Liebe (EE 236) ist Jesus der Mensch. Jesus ist «in allen geschaffenen Dingen auf dem Antlitz der Erde», und diese Schau von «Himmel, Elementen, Pflanzen, Früchten, Herden» entspricht genau dem Aufschrei des Sünders (60), der das Wesen und die Schwere der Sünde letzlich auch nur «wagen» kann im Blick auf den gekreuzigten Herrn aller Dinge (53)* [Rahner, 1964: 224].

Conclusiones

La siguiente conclusión se divide en tres apartados. En el primero de ellos hacemos una síntesis de lo que ha sido nuestro trabajo. En el segundo y tercero, de un modo más personal, hacemos una valoración de la obra teológica de Rahner, y de su cristología ignaciana. Aquí destaco la validez y actualidad de su teología por dos motivos: en primer lugar, por la necesidad de una *theologia cordis*, hecha desde el corazón de la Iglesia. Y en segundo lugar, por la presencia de la obra de Rahner en los escritos de Joseph Ratzinger, luego Benedicto XVI. Así, en el tercer apartado, manifiesto mis opiniones en torno a este trabajo, motivación y valoración personal de conjunto.

1. Síntesis global de la obra

Hemos iniciado este trabajo acercándonos a la figura y la obra del P. Hugo Rahner. Un acercamiento al concepto de tensión dialéctica nos ayuda a poner una especie de base filosófica y metafísica al trabajo.

Para conocer el concepto de Cristo que tiene san Ignacio según Rahner, partimos desde el corazón del santo, desde su relación con Dios según nos lo cuentan las breves páginas del *Diario espiritual* que conservamos. Hemos visto cómo la idea del Epitafio de Loyola está en el centro de la idea rahneriana de san Ignacio. Cómo en la visión de la historia de Hugo Rahner, la gracia va actuando y formando el corazón del Santo. Y también, cómo esta vida del Santo quedó expresada en la máxima del Epitafio de Loyola.

La cristología resultante de estos capítulos iniciales la vemos confirmada en la cristología del libro de los *Ejercicios Espirituales* y en las *Constituciones* de la Compañía de Jesús.

Rahner entiende a san Ignacio desde una teología de tensiones. Aunque esto no se encuentra directamente expresado por san Ignacio, Rahner lo ha puesto de relieve. La teología de Rahner es una teología de binomios, de pares, y así precisamente presenta a san Ignacio o los *Ejercicios*. Allí, por ejemplo, todo se mide en la cruz, y en la bipolaridad trabajos-gloria que presenta el Rey Cristo. Allí aparece también como Creador y Señor. Como Mediador con el Padre, con los hombres y con todo lo creado. Cristo es «nuestro Criador y Señor», es la «Divina Majestad» que pende de la cruz, es el Rey que llama y que está en lucha contra el Príncipe de este mundo. La Llamada del Rey y la meditación de las Dos Banderas forman una unidad y constituyen, para Rahner, las meditaciones fundamentales de los *Ejercicios* y donde se contiene en germen el sentido más profundo de la cristología ignaciana.

Esa tensión también está latente en el *Diario* de san Ignacio. Allí aparece como la dialéctica entre el «arriba» de la sede de Dios Padre y el «de arriba», la dinámica del Hijo que procede del Padre. La dinámica de tensiones encuentra en la cruz el lugar donde se equilibran los distintos polos del misterio del Logos y de la Trinidad. Estos misterios se sostienen también en lo que se definió el IV Concilio de Letrán como la desemejanza mayor en cualquier semejanza. De nuevo una tensión.

Donde más característicamente se expresa esa fuerza dialéctica del misterio de Dios es en el Epitafio de Loyola. En la frase del Elogio sepulcral se concentra la expresión de lo divino y, sobre todo, de la cristologia de san Ignacio: *non coerceri maximo, contineri tamen a minimo divinum est.* Así, san Ignacio presenta toda la fuerza de un Dios, que se hace presente en la debilidad humana (*Gottes Kraft in menschlicher Schwäche*), y por consiguiente en la debilidad de los que le siguen, en la *Militia Christi*, es decir, en la Iglesia.

2. Valoración de la obra de Hugo Rahner

La teología que desarrolló el P. Hugo Rahner tiene una gran valía tanto por su método como por su contenido. Destaca la visión globalizante de la teología, hecho no tan sorprendente si tenemos en cuenta su vasto conocimiento de los Santos Padres. Para una teología integral fue importante su aportación de fundamentos bíblicos y patrísticos y también su insistencia en una teología kerigmática. Todo ello encuentra su expresión en una teología y cristología de un santo como Ignacio de Loyola. En efecto, en Rahner, la patrística y la visión de la historia eclesiástica no encuentra disonancias con la teología y estudios sobre san Ignacio. Se trata, pues, de una teología profunda y coherente. La tensión teológica expresada en la feliz frase del Epitafio de Loyola es una clave teológica que encontramos a lo largo de sus escritos y es buena prueba de esa coherencia.

Además, sus investigaciones sobre la vida y pensamiento del santo de Loyola son ya un referente para cualquier estudio acerca de la figura del fundador de la Compañía de Jesús.

Quisiera expresar en las líneas siguientes algunos aspectos de la teología del P. Rahner que ponen de relieve la validez y actualidad de su teología. Se trata de la necesidad de una teología que brote del Corazón de la Iglesia que es del Corazón de Cristo. Además, la teología de Joseph Ratzinger nos ilumina sobre la actualidad del pensamiento rahneriano.

2.1. San Ignacio, teólogo, y su valor para la teología actual: la mirada teológica del P. Hugo Rahner, SI

2.1.1. La «función ignaciana»: la Iglesia como hermenéutica para la teología

El término «función ignaciana» fue acuñado por el P. Przywara para designar el espíritu que se ha de fomentar en la Iglesia. El P. Rahner defiende esta expresión como cosa necesaria. Se trata de las actitudes que se entresacan de la teología vivida y orada por san Ignacio: distancia reverencial tanto de Dios como de las criaturas, y una unidad de tensión entre naturaleza y gracia. Estas actitudes se expresan en lo que llamó san Ignacio *acatamiento reverencial* y *humildad amorosa* [Rahner, 1964: 234].

Esta virtud es consecuencia de vivir el «más» del seguimiento de Cristo que propone san Ignacio. Es don del Padre que concede el ser recibido bajo la bandera de su Hijo.

Dicha «función ignaciana» aporta una metodología irrenunciable para toda teología católica. Se trata de entender la obediencia como obediencia a la Iglesia. Es dentro de la Iglesia, en unión a su magisterio y tradición donde se puede ser teólogo, hacer teología. Podemos decir que la Iglesia es el lugar teológico necesario para el conocimiento de Cristo, de la Revelación y de la Tradición.

Este espíritu necesario para el teólogo católico, pone de manifiesto la unión entre el misterio de Cristo y el misterio de la Iglesia, mediante el Espíritu Santo. Cristo es dador del Espíritu a la Iglesia. Esta donación tiene lugar en el episodio joaneo del costado traspasado. Efectivamente, «si el Señor no hubiese sido golpeago y si no hubiese *brotado de su costado sangre y agua*, todos nosotros padeceríamos *sed de la Palabra de Dios*» [Rahner, 2019: 104].

Pero a esto hay que añadir que el más alto don de este Corazón es el «Espíritu», por esto la «Iglesia». En ella, la teología puede beber el mismo Logos de Dios. Por esto, como dice Rahner, «la profesión de fe más profunda del culto al Corazón de Jesús es la frase contenida en el kerigma del Credo: "Credo in Spiritum Sanctus et Sanctam Ecclesiam"».

El verdadero Espíritu mueve a imitar la vida terrena de Jesús y a la obediencia a la Iglesia. Rahner, en su artículo *Geist und Kirche*[121], señalaba cómo en el pensamiento de Ignacio, el Espíritu llama al servicio y a un servicio en la Iglesia. La Iglesia es aquí toda la visibilidad del Reino de Dios sobre la tierra: escritura, ley, obediencia, razón, entendiendo también la unidad invisible del Cuerpo Místico por el Espíritu. Mediante el don de su Espíritu, la Iglesia se constituye en «una prosecución viviente del doble misterio de Cristo: Logos y carne, visible e invisible» [Rahner, 2019: 154].

Pero lo que nuestro autor matiza, sobre todo, es que ese mismo Espíritu pone unos límites, intentando evitar un «do-

---

[121] Cf. Rahner [1964: 117-131 y 1964: 370-386].

cetismo o un gnosticismo acerca del Cuerpo Místico» [Rahner. 2019: 153]. En primer lugar, algo característico de la espiritualidad ignaciana: parte de la contemplación de los misterios de la vida de Cristo, de la humanidad de Cristo. El verdadero espíritu impulsa a imitar al Hombre Jesús, que en la muerte de cruz dio a conocer su divinidad. En segundo lugar, el verdadero espíritu impulsa a la obediencia a la Iglesia. Así queda vencido el peligro de pneumatizar la Iglesia hasta hacer desaparecer lo humano en ella[122]. De este modo, el cristiano unido a la Cruz y la Iglesia en su aspecto visible «deben garantizar con su visibilidad la verdad de lo invisible» [Rahner, 2021: 236].

Todo lo aquí expuesto es, en el fondo, lo que Rahner llamó la «teología de la Iglesia visible». Esta teología está en el trasfondo del *Sentire cum Ecclesia* que se recoge en el libro de los Ejercicios [EE 352-370].

La teología de la Iglesia visible refleja en el fondo una actitud teológica o que ha de vivir el teólogo:

> Tenemos que mostrar cómo precisamente esto visible corporeiza en la Iglesia lo invisible, hace audible la gran llamada del Logos inaudible que convoca a su *ekklesía*, el cuerpo palpable del gran misterio que está presente en Cristo y en la Iglesia. De ello resultará después que nunca podemos amar y abrazar al Espíritu, lo místico, lo invisible de la Iglesia, si no amamos su carne. Esto nos hará posible la actitud dogmáticamente bien fundada frente a *toda* la Iglesia, aquel Sí al Espíritu y a la carne de la Iglesia que, en su equilibrio, llamamos *sentire cum Ecclesia* [Rahner, 2019: 158-159].

---

[122] Según Rahner [2021: 236], con esta teología «Ignacio es el primer padre de la discreción de espíritus antignóstica».

2.1.2. El «paralelismo metahistórico»

La actitud teológica que pide Rahner no es algo novedoso. En el fondo, dice nuestro autor, se trata de algo que han vivido los santos a lo largo de la historia. Es lo que Rahner llama «la mística del servicio», una disposición del corazón, con la ayuda de la gracia divina, en la que el santo está vuelto a la Iglesia y entregado totalmente a su servicio. Esa actitud, que vivió profundamente san Ignacio de Loyola, se puede percibir como un acento común que se ha repetido de modo especial en algunos santos. Ese acento repetido es lo que llama Rahner el «paralelismo metahistórico»:

> Con este giro de san Ignacio hacia la Iglesia, llevado a cabo fundamentalmente en la mística de Manresa, entra en el grupo de los hombres a quienes Dios ha llamado, a lo largo de la historia de la Iglesia, para desterrar el peligro de una espiritualización de la revelación y perfección cristianas. Estos hombres tienen entre sí una conexión que rebasa mucho lo que sería una mera dependencia literaria, y por eso no se integra en las categorías de una historia trabajada únicamente sobre fuentes documentales: es *«metahistórica»*, y se funda en la semejanza de la inteligencia mística que a estos hombres, por más separados que estén unos de otros en el tiempo y por más independientes que sean en cuanto a la documentación, les inspiran los mismos pensamientos fundamentales, que luego se manifiestan en ideas fundamentales de una consonancia admirable [Rahner, 2019: 90-91].

Rahner hace un análisis de la historia para descubrir líneas paralelas entre unos y otros, en comparación con san Ignacio de Loyola. No se trata tanto de un influjo inmediato cuanto de una conexión metahistórica. «Entre las enseñanzas de Ignacio y la gran tradición de la patrística y la ascética medieval hay conexiones que trascienden el desarrollo histórico»[123]. Se trata de santos que en momentos determinados «fueron llamados con gracias místicas para intervenir en muy determinados momentos de peligro de la lucha espiritual entre Satanás y Cristo viviente en la Iglesia» [Rahner, 1964: 312]. Los santos a los que les fueron dadas tales gracias serían los «ascendientes» espirituales de Ignacio. Así, por ejemplo, Rahner destaca la figura de san Ignacio de Antioquía, en lucha contra la gnosis griega, a quien el de Loyola conoció a través de la lectura del *Flos Sanctorum*. También destaca a san Basilio, «padre del ideal de obediencia solidamente teológico, que debe distinguir al monje como un soldado de Cristo»[124], llamado por Dios cuando el neoplatonismo y el ideal monacal egipcio amenazaron con deshacer la Iglesia jerárquica. «El monje es un hombre que, como "buen soldado de Cristo", está al servicio de la Iglesia militante» [Rahner, 2021: 103-104]. Lo mismo se puede decir de san Benito o san Agustín.

En los siglos previos a san Ignacio de Loyola, «cuando la desenfrenada interioridad de la mística del medievo corría extraviada en una Iglesia destrozada y antropomorfista» [Rahner, 2021: 59], el espíritu también suscitó santos como santa Catalina, la cual se distinguió por el amor al Pontificado romano, o san Bernardino de Siena. Así, según Bernardino, Cristo es el *Capitaneus Ecclesiae* [en Rahner, 2021: 115-116]. Y para seguir a Cristo en la lucha entre Babilonia y Jerusalén,

---

[123] *Es geht hier vor allem um die Erforschung der sozusagen «metahistorischen» Zusammenhänge, in denen Ignatius und seine Lehre mit der großen Tradition der patristischen und mittelalterlichen Aszese in Verbindung steht* [Rahner, 1964: 312].

[124] *Reg. Fus. Interrog.* 28, 2: PG 31, 989 B; *Regula brevius tractata quaestio* 116: PG 31, 1161 B [en Rahner, 2021: 103-104].

Bernardino dejó incluso unas «Reglas para discernir espíritus». Por esto san Bernardino es precursor espiritual del libro de los Ejercicios.

En resumen, la idea del paralelismo metahistórico se repite en varios de los escritos de Rahner sobre san Ignacio. El espíritu siempre ha movido a los santos al servicio de la Iglesia visible frente a lo que pudiera ser un falso misticismo. Esta idea nos aproxima a lo que sería una clave patrística de los Ejercicios. Evidentemente no en cuanto a las citas de los Santos Padres, que son más bien escasas, sino en cuanto a la coincidencia de la mentalidad y doctrina de san Ignacio y los Padres.

Lo importante aquí es que esa actitud de *acatamiento reverencial y humildad amorosa* para con la Iglesia es un elemento propio del espíritu no solo en Ignacio, sino en todos los tiempos, también en el momento actual.

2.1.3. La *Theologia cordis*

La *Theologia cordis* es una teología que ha de brotar del Corazón de Cristo. Es por eso, en primer lugar, una teología cordícola, recuperando el sentido que los hermanos Rahner dieron a la devoción y al culto Corazón de Cristo. Hugo Rahner trabajó en la renovación del culto al Corazón de Cristo desde las perspectivas bíblicas y patrísticas. Karl Rahner por su parte, ayudó a entender que el símbolo, en el caso del corazón, tiene la capacidad de significar algo real y formando parte de la verdad significada. Para los Rahner, el «Sagrado Corazón» no es solamente un símbolo, sino también es el núcleo, el centro personal de Jesucristo. Es una realidad escondida, que podemos descubrir por contacto personal.

Por esto, en segundo lugar, es una teología que ha de pasar por el corazón del teólogo. Este rasgo recuerda la importancia de hacer una teología desde la oración y el encuentro con Cristo vivo. La teología ha de vivir en permanente tensión pues su objeto no es una doctrina sino una persona, Jesucristo, que en el Espíritu Santo nos revela el amor del Padre:

> Es una tarea prioritaria para nuestro anuncio actual no solo demostrar la divinidad de Cristo de una cierta forma apologética, ya conocida desde la teología fundamental, sino proteger también su carácter metafísico de todo vaciamiento meramente «religioso», o, mejor dicho, cómo las definiciones clásicas del magisterio de la Iglesia no son anquilosamientos «griegos» o «escolásticos» de índole intelectual que hacen violencia al augusto misterio, sino que nacieron y fueron formados a partir de un ardor religioso, que solo aventaja en una cosa al ardor moderno y modernista; es el ardor del Espíritu del Logos y arde con claridad –y solo esto es lo católico, de alguna manera la reproducción católica de la verdad intratrinitaria de que el Espíritu procede del Padre y del Logos– [Rahner, 2019: 67].

Por eso, la *theologia cordis* es una teología viva. Esta teología debe saber guardar el equilibrio en la tensión, evitando por un lado cierto espiritualismo y por el otro la cosificación de su doctrina desligándola de ese fuego del Espíritu del Logos.

Esta tensión, en realidad, deriva de la misma tensión escatológica. La tensión que proviene de las palabras del Símbolo de la fe: *Credo in vitam eternam*. Es la tensión entre lo realizado y lo venidero [Rahner, 2019: 118]. Es también la unión indisoluble del más allá con este mundo; de lo invisible con lo visible; del cielo con la tierra; del espíritu con la carne espiritualizada.

La tensión que hemos descrito en la cristología de san Ignacio, sobre todo en los Ejercicios, está latente en la concepción rahneriana de la teología kerigmática:

> Nuestra predicación sobre las últimas cosas debe mantener despierta en los fieles la conciencia de que el cristianismo es un drama, un desarrollo histórico, movido por una inmensa dinámica interior. Una lucha entre espíritu y anti-espíritu, entre Pneuma y Satanás. Lucha que, comenzada en el Paraíso, terminará el día en que «él haya destrozado toda fuerza, todo poder y señorío. Pues es preciso que Él reine hasta que haya colocado bajo sus pies a todos sus enemigos, Y el último enemigo vencido será la muerte» (1 Cor 15,24-25).

Esta *theologia cordis* proporciona una panorámica global de la teología. La unidad y coherencia teológica, como ya hemos dicho, es uno de los aspectos más relevantes, a mi modo de ver, de la teología del P. Hugo Rahner. Esta coherencia nace en parte de vivir esa «función ignaciana» y estar unido a la tradición viva de la Iglesia. Esta coherencia provoca que parezca que en escritos sobre distintas materias laten unas mismas ideas. Así, por ejemplo, vemos cómo la frase referida a lo divino, *Non coerceri maximo*, toca todos los aspectos de la teología de Rahner. Sirva como verificación de lo dicho este texto sobre la teología católica de la historia:

> A la pregunta por el sentido católico de la historia hemos de responder dentro de un justo medio entre las dos polaridades; ese sentido solo se puede descubrir desde un punto que está esencialmente más allá de la historia, desde un lugar fijo, el único desde el cual se puede divisar todo transcurrir y devenir. Pero esta interpretación tiene que estar, al mismo tiempo, completamente dentro de la realización histórica. No puede flotar separada, como un mito platónico, sobre las

cosas terrenales, sino que tiene que penetrar en el más acá. El intérprete de la historia tiene que estar por encima de lo que ha llegado a ser y en medio de lo que llega a ser; debe hallarse ya más allá de la corriente, y, sin embargo, debe poder sumergirse en ella en cada momento. Ha de ser al mismo tiempo espectador y actor, en el drama de la historia. Ha de ser siempre superior a lo sucedido, y sin embargo ha de saber reconocer en ello amorosamente lo más pequeño [Rahner, 1968: 98].

2.2. Actualidad de su teología: Hugo Rahner y la teología de Joseph Ratzinger

Uno de los aspectos que más pone de relieve la actualidad del pensamiento teológico de Hugo Rahner, es la presencia de este pensamiento en la teología de Joseph Ratzinger, posteriormente Benedicto XVI. Efectivamente, en algunos de los escritos de J. Ratzinger existen referencias importantes al autor que estudiamos en el presente trabajo. Si bien es verdad que el que fuera prefecto de la Congregación de la Doctrina de la fe con quien tuvo relación y colaboraciones más estrechas fue con Karl Rahner, sin embargo, con su hermano Hugo, al menos se dieron referencias a sus estudios. Y lo importante en este sentido es que esas referencias, aunque puntuales, remiten a puntos nucleares de la teología de Ratzinger. Encontramos varias alusiones a Hugo Rahner en los escritos de Ratzinger. Al menos dos de ellas, importantes y significativas dentro de los escritos de Ratzinger. La primera de ellas en la *Introducción al cristianismo* y la segunda, siendo ya Cardenal, en una conferencia pronunciada en el Congreso Internacional de Toulouse de 1981, con motivo del aniversario de la Encíclica *Haurietis Aquas* de Pío XII sobre el Corazón de Cristo[125].

La *Introducción* recoge su primera visión sintética de la fe. Su éxito quizás radique en que plantea lo nuclear del cristianismo. En el prólogo a la nueva edición del año 2000 dice el Cardenal: «Creo que no me equivoqué en la orientación fundamental, y situé además en el centro la cuestión de Dios y la cuestión de Cristo, que desemboca en una "cristología narrativa" y que señala el lugar de la fe en la Iglesia» [Ratzinger, 2005: 32]. En efecto, el libro va al quicio de la teología, a la cuestión de Dios y de Jesucristo, el Dios de los filósofos y el Dios de la fe, en cuyo capítulo se encuentra la cita de Rahner que intentamos abordar.

En el tercer capítulo, Ratzinger expresa la paradoja del artículo de la fe en Dios: *creo en Dios Padre todopoderoso, creador del cielo y de la tierra.* Se sitúa precisamente en la tensión entre el amor absoluto y el poder absoluto, Padre y Pantocrátor. En este capítulo explica cómo en el primitivo cristianismo se vió ante una «elección purificadora» frente al paganismo: decidir una presentación del Evangelio a los paganos por la vía de las religiones mistéricas o por el Dios de la filosofía. En el fondo, es la elección del Logos frente al mito.

El paso siguiente describe cómo al decidirse por ese Dios de los filósofos, la fe cristiana entendió también que el ser humano puede o debe dirigirse a él en sus oraciones. Ese paso significa dar a Dios un rostro humano, el Dios de los hombres que no es solo un pensamiento filosófico ni una matemática eterna del universo, sino también ágape y poder

---

[125] Cf. el discurso inaugural del curso académico 2006-2007 en la Facultad de Teología San Dámaso (Madrid) [Martínez Camino, 2006].

de amor creativo. Es un Dios capaz de escuchar, capaz de amar.

Precisamente aquí, Ratzinger ve expresada esta idea en la máxima que investigó Rahner: *non coerceri maximo contineri tamen a minimo divinum est*. Podemos decir que esta frase constituye uno de los hilos conductores del libro, y aparecerá más o menos explícitamente. En este caso, el texto del teólogo continúa así:

> El espíritu ilimitado que lleva en sí la totalidad del ser supera lo más grande, porque para él es pequeño, pero llega también a lo más pequeño porque para él nada es demasiado pequeño. Esta superación de lo más grande y esta entrada en lo más pequeño constituye la verdadera esencia del espíritu absoluto. Pero al mismo tiempo aparece aquí una valoración de lo *maximum* y de lo *minimum* que es muy significativa para la comprensión cristiana de lo real. Para quien, como espíritu, lleva y transforma el universo, un espíritu, el corazón del hombre que puede amar, es mucho mayor que todas las galaxias. Las medidas cuantitativas quedan superadas; se señala aquí otra jerarquía de grandeza en la que lo pequeño pero limitado es lo verdaderamente incomprensible y grande [Ratzinger, 2005: 124].

Este espíritu ilimitado supera así la estrechez de un raciocinio humano mezquino que tiene una imagen deformada de lo más grande según Dios. Para Dios, en el sentido de la cita, lo más grande es pequeño y también puede contenerse en lo más pequeño «porque para él nada es demasiado pequeño».

De este modo se superan dos ideas. Por un lado, el Dios filosófico que se relaciona exclusivamente consigo mismo. Por otro lado, la idea de Dios como puro pensar. Así, para Ratzinger, lo propio de la Revelación bíblica es que el Ser es persona y tiene corazón. El Logos de Dios ha entrado en diálogo con el hombre y le ha mostrado su amor. El Costado abierto en la Cruz es un símbolo real de esa revelación divina. Esta concepción de lo divino, además, supera las medidas cuantitativas: «El corazón del hombre capaz de amar es mucho más grande que todas las galaxias juntas» [Ratzinger, 2005: 124]. En la encarnación del Logos se ha producido una corrección de medidas y dimensiones, de lo *maximum* y lo *mínimum* [Ratzinger, 2005: 126-127]. «En un mundo que en último término no es matemática sino amor, lo *minimum* es *maximum*, lo más pequeño que puedo amar es lo más grande, lo particular es más que lo general, la persona, lo único y lo irrepetible es también lo definitivo y lo supremo» [Ratzinger, 2005: 136]. Además, ese Dios revelado como amor, encuentra su mayor expresión de revelación en la cruz. Es un Dios que en Cristo «se convierte en omega, en la última letra del alfabeto de la creación» [Ratzinger, 2005: 243]. Y así, concluye Ratzinger, «es el Dios que se identifica con su criatura y que en su *contineri a minimo* –en el ser abarcado y dominado por lo más pequeño– da lo "superabundante", lo que lo distingue como Dios» [Ratzinger, 2005: 243].

En la segunda ocasión, en la Conferencia de Toulouse en 1981, no hay una alusión a la cita del *Elogium*, pero sí una referencia directa a los trabajos de Rahner sobre la cristología del Corazón de Jesús.

Ratzinger, en esta conferencia en Toulouse, encuentra que las aportaciones de Rahner han sido básicas para la renovación bíblica y patrística de la devoción corazonista. Rahner colaboró a esta renovación con sus investigaciones, especialmente en la perspectiva de los pasajes de Jn 7,37-39 y Jn 19,34-37. Ratzinger sostiene en su conferencia que las aportaciones de Rahner son buenas y acertadas, pero insuficientes. La fundamentación de esta cristología tiene que dar un paso más, fundamentando la necesidad de usar la palabra «corazón», que no aparecía en los textos de la Escritura en los que tradicionalmente se apoyaba esta devoción[126]. Además, señala que aunque el lugar de donde nace esta devoción es el misterio Pascual, que se celebra en la liturgia, sin embargo, esa misma celebración tiene una preparación previa y un desarrollo posterior: «La llamada piedad objetiva de las solemnes celebraciones litúrgicas no basta» [Ratzinger, 1982: 142]. Más adelante, afirma Ratzinger: «Una devoción encarnada tiene que ser una devoción apasionada, una piedad de corazón a corazón, como lo es precisamente la devoción pascual, puesto que el misterio de Pascua es por su esencia, como misterio de sufrimiento, un misterio del Corazón» [Ratzinger, 1982: 146].

En este sentido, podemos decir que la cristología de Ratzinger ha ido acercándose cada vez más a la *theologia cordis* de Rahner. Por eso, podemos afirmar que la teología de Benedicto XVI encuentra uno de sus fundamentos en estos escritos que hemos presentado. Esto lo podemos decir, por ejemplo, de su primera encíclica donde ha incidido en el sentido del amor de Dios que se nos revela en el costado traspasado de Cristo:

Poner la mirada en el costado traspasado de Cristo, del que habla Juan (cf. 19, 37), ayuda a comprender lo que ha sido el

---

[126] Ratzinger explica así el sentido de la devoción al Corazón de Jesús desde una teología de la encarnación y de la corporeidad: «Siendo el cuerpo lo visible de la persona, y la persona la imagen de Dios, el cuerpo resulta en el conjunto de todas sus dimensiones el espacio donde lo divino se configura, se hace efable, se cristaliza en concreto» [Ratzinger, 1982: 139].

punto de partida de esta Carta encíclica: «Dios es amor» (1 Jn 4,8). Es allí, en la cruz, donde puede contemplarse esta verdad. Y a partir de allí se debe definir ahora qué es el amor. Y, desde esa mirada, el cristiano encuentra la orientación de su vivir y de su amar[127].

En definitiva, existen algunos aspectos paralelos entre la teología de Hugo Rahner y la teología de J. Ratzinger [Martínez Camino, 2008: 59-86], como la centralidad de Jesucristo, que visibiliza y revela en plenitud el amor de Dios, o la unión de la teología de la encarnación y la teología de la cruz. Además, encontramos en los escritos de Ratzinger, curiosamente, una teología que gira también en torno a los binomios: fe y razón, revelación objetiva y subjetiva, hombre e Iglesia, o *eros* y *agape* como en la primera de sus encíclicas. Pero sobre todo, encontramos en ambos la perspectiva de una cristología espiritual[128].

Así, la presencia de los estudios de Rahner en Joseph Ratzinger ha dado un nuevo valor a los escritos del primero, o mejor dicho, han puesto al descubierto el valor que tenían.

---

[127] Benedicto XVI, *Deus caritas est*, 12.

[128] «Ratzinger aborda la Cristología desde una perspectiva más fundamental que dogmática, es decir, con la conciencia permanente de que las actuales circunstancias histórico-culturales, exigen no ignorar que es necesario justificar continuamente desde sus raíces la confesión cristológica: que Jesús es el Señor, el Hijo de Dios vivo. Sin embargo, esa necesaria justificación de que en el Hijo de María, crucificado bajo Poncio Pilato, Dios se ha revelado definitivamente y ha ofrecido su salvación a la humanidad entera, no discurre por caminos solamente histórico-filosóficos, sino al mismo tiempo, por sendas espirituales que apelan a la conversión y a la comunión en la Iglesia» [Martínez Camino, 2008: 61-62].

3. Valoración de conjunto

La decisión del tema del presente estudio no fue inmediata. Además de una búsqueda de una síntesis teológica, parte de un deseo de un mayor conocimiento de la figura de san Ignacio y de profundizar en el misterio del amor de Cristo. Y he aquí, que en el P. Hugo Rahner puede unir ambas cosas. La cita del Epitafio de Loyola en la *Introducción* de Ratzinger, me llevó a descubrir la belleza de la obra de Hugo Rahner y la lucidez de sus escritos ignacianos.

La obra de Rahner es valiosa, sin duda, tanto por la forma como por el contenido. Me parece importante, en primer lugar, señalar la belleza de la forma, esto es, la erudición y el uso del lenguaje de Hugo Rahner. Rahner escribe bien. Es claro y profundo, y esto es de agradecer.

Me he encontrado con la dificultad del idioma. Muchas obras de Rahner no se encuentran traducidas al español, y otras ni siquiera a otras lenguas. Esto hace su obra algo inaccesible, tanto más cuanto que su pensamiento y sus obras en España son poco conocidas. Estoy convencido de que todo lo escrito por Hugo Rahner es aprovechable, tanto sus aportaciones a la patrística y a la Historia de la Iglesia, como sus investigaciones en torno a san Ignacio.

De sus escritos, además de los que han sido influyentes en la mariología del Concilio y en la renovación patrística, destacaría el estudio sobre el *Epitafio de Loyola*. La presencia de este artículo en Joseph Ratzinger, le ha dado una validez mayor, además de que se constituyó en hilazón interna del propio pensamiento de Rahner. Sin embargo, el escrito más globalizante de todos sus trabajos ignacianos es la *Cristología de los Ejercicios*. Allí ha plasmado Rahner toda su sabiduría y sus muchos años de investigación sobre san Ignacio. Es, hoy por hoy, un escrito fundamental para la profundización en los Ejercicios Espirituales y en la teología y espiritualidad del Santo. Me parece un acierto que se recopilaran sus artículos en *Ignatius von Loyola als Mensch und Theologe*. Sin embargo, se echa en falta una síntesis más global de la vida y teología de san Ignacio de Loyola. Quizás lo hubiera sido aquella biografía que Rahner nunca llegó a escribir debido a su enfermedad.

Valoro muy positivamente la visión de síntesis que tiene la teología de Rahner, la armonización de los misterios de la fe, especialmente desde una teología kerigmática. Esto es debido a que, como hemos dicho, su teología tiene una hilazón interna. En el fondo, es una teología de la encarnación que se recoge en la máxima del Epitafio de Loyola. La teología encuentra su misterio más profundo en la Encarnación del Verbo, en el misterio de la unión hipostática. Esto deriva en los misterios de la teología trinitaria y pneumatológica y en el misterio de la presencia de la Palabra en la Iglesia, por la acción del Espíritu Santo. En Cristo crucificado, tal y como lo presenta san Juan en su evangelio y como lo propone san Ignacio en sus Ejercicios, encontramos la revelación más impresionante del amor del Padre. Y ese misterio de la Iglesia se clarifica en la contemplación del misterio de la Madre de Dios y en la comprensión de los distintos títulos que los primeros cristianos dieron a la Nueva Eva.

Rahner, en sus escritos, es original, novedoso. La *theologia cordis* y la presentación de san Ignacio cómo teólogo me parece lo más innovador y destacable de sus trabajos. Rahner, sin querer construir una cristología a propósito de los *Ejercicios Espirituales* y de la espiritualidad de san Ignacio, acaba por hacerla. Al menos en la medida en que su ser jesuita pasa por su teología patrística y por su espíritu germánico. Habría que preguntarse, pues, en qué punto convergen el espíritu ignaciano y la mentalidad alemana de Rahner. En este caso, se tocan en la máxima flamenca del Epitafio de Loyola, que un poeta como Hölderlin dejó para la posteridad. Quizás, la expresión de lo ignaciano desde una dialéctica de tensiones fuerce el sentido original del santo, que se hallaba lejos de una concepción dialéctica de la teología y de los misterios de la fe. Quizás, también esta concepción dialéctica pueda dar un sentido novedoso y original a san Ignacio. Eso sí, una cristología de tensiones recuerda, al menos, la realidad dinámica de nuestra fe, es decir, que aquello que constituye nuestra fe es una realidad personal y, por tanto, viva y dinámica. En palabras de Rahner, el «ser fuego del Espíritu del Logos» [Rahner, 2019: 67].

La manera en que Rahner enfoca la teología en general, y especialmente la cristología, ilumina un quehacer teológico que ha de partir de la oración y de la santidad del teólogo. La interpretación que hace el Padre Rahner de san Ignacio es una llamada a profundizar en una cristología espiritual. Se trata, en definitiva, de unir el dogma y la espiritualidad viendo su intrínseca y necesaria convergencia.

Los estudios de Hugo Rahner sobre san Ignacio han dado como resultado una forma teológica de acercarse al misterio de Cristo. Su interpretación ilumina, por ejemplo, el misterio de la unión hipostática, de Cristo Mediador, o la relación de Cristo con el Padre. Pero se desarrolla, sobre todo, el sentido de una cristología espiritual. Una cristología de corazón a corazón que, por tanto, parte de la oración. En este caso, de la participación en la experiencia que un santo como san Ignacio tiene de Cristo, experiencia posible gracias a los Ejercicios Espirituales y a la fragua en el misterio de Cristo crucificado que en ellos se produce. En fin, esta breve afir-

mación de Joseph Raztinger, que llegó a la conclusión de la
necesidad de una cristología espiritual, resume y justifica el
intento de Rahner de hacer una cristología de los Ejercicios:
«La cristología es dada a luz en la oración o en ninguna parte»[129].

---

[129] En este trabajo, posterior a la conferencia de Toulouse, Ratzinger establece algunos fundamentos, en forma de tesis, para la construcción de
una cristología. Enuncio símplenente las tesis 1 y 3: «Tesis 1: Según el
testimonio de la Sagrada Escritura, el centro de la vida y de la persona
de Jesús es su permanente comunicación con el Padre» y «Tesis 3: Porque
la oración es el centro de la Persona de Jesús, la participación en su oración es el presupuesto para conocer y comprender a Jesús» [Ratzinger,
2007: 14, 28 y 57].

ANEXO
La imagen caballeresca del hombre y el joven cristiano moderno [130*]

---

[130] * Alocución dirigida a los asociados «Nueva Alemania», en el castillo de Niederalfingen en 1959. Traducido por Pablo Cervera del original alemán: *Das ritterliche Menschenbild und der moderne junge Christ*, en H. Rahner, *Abendland. Reden und Aufsätze* (Herder, Friburgo-Basilea-Viena 1966) 146-169.

EN ESTA HORA SOLEMNE no quiero exponeros ningún programa, ningún catálogo de exigencias ni tampoco ideas secas. Os habla uno que no estaba presente cuando nació «Nueva Alemania», era ciertamente un intruso, pero ya estaba allí con mi corazón, desde hacía 40 años, cuando «Nueva Alemania» vivió sus grandes horas de desarrollo y de persecución. Os quisiera hablar uno que está profundamente persuadido de que los ideales de vuestra asociación son hoy tan candentes como lo eran al principio, si es que vuestro corazón sigue hoy tan ágil y fresco como el de los hombres que hace cuarenta años eran jóvenes. «Jesucristo es el mismo ayer y hoy y siempre» [Heb 13, 8]. Estas palabras continúan en pie. Por eso os hablo de ideales que parecen viejos y que tal vez a muchos de vosotros os suenan como pasados de moda, pues solo así se puede decir algo verdaderamente nuevo. Únicamente se puede decir algo decisivo cuando todo se mide por la medida de nuestro señor Jesucristo, cuyo nombre lleváis, «cristianos», y es vuestro signo. Vuestro programa de vida es hoy tan nuevo, tan fresco y tan apasionante, me atrevo a pronunciar esta palabra tan despreciada, como lo fue ayer y lo será mañana, de tal forma que lo que más importa siempre es tener el propio corazón tan grande como en esta hora, para que podamos comprender la grandeza del nuevo ideal de vida alemán o medir por él callada y reflexivamente la estrechez del corazón. Las cosas grandes acontecen, en todas partes y siempre, cuando uno se doblega ante algo más grande, cuando uno, (por usar una expresión del santo papa León Magno), «ama lo que ha sido mandado», cuando uno «corre por el camino de sus mandamientos, pues él ensancha el corazón» [Sal 118, 37].

Así llegamos al corazón de la cuestión que debemos tratar en esta hora: ¿está candente hoy el ideal de vida del caballero cristiano que inspira el programa de vuestra organización y que vosotros queréis realizar? ¿Se puede exigir todavía a un joven moderno la realización de estos ideales que suenan a un romanticismo conmovedor?

Quisiera mostraros lo válida que sigue siendo hoy, por encima del tiempo, esta imagen caballeresca del hombre, siempre que se considere con aquella visión válida y eterna del hombre, sabiendo que debe medir su esencia y su obrar según la imagen majestuosa del Dios que se hizo hombre. No os hablo, pues, de un ideal empolvado, ni del caballero del trastero medieval, ni de formas y armas pasadas de moda. Hablo o quisiera hablar (¿quién podría hacerlo como se debe?) como el apóstol que nunca se precia de «saber cosa alguna, sino a Jesucristo, y éste crucificado» [1 Cor 2,2]. Por eso, tengo que hablar de la cruz como la victoria de nuestro Señor Jesucristo, que es el vencedor, el conquistador del mundo, el caballero, el caudillo de vuestra vida joven al que guardáis fidelidad. Y deberíais volver a descubrir en esta hora, con una alegría celestial en el corazón, lo que hay de sabiduría eterna en vuestro ideal del hombre caballeresco. Sois mucho más modernos y actuales de lo que pensáis y creéis. Sois, si realmente vivís este viejo ideal, realmente la *nueva* Alemania y no la encanecida y vieja Alemania.

Así, pues, os quiero decir qué es eso del ideal del caballero de Cristo y cómo se ha realizado en el transcurso de la historia cristiana; y en qué consiste la tarea que se os ha encomendado de crear este ideal en vuestro corazón y en vuestra organización. De esta forma –en nosotros y mediante vosotros–, se hará verdad hoy, en medio de un mundo senil, engordado y envejecido por el bienestar, lo que en la Iglesia primitiva escribió un cristiano entusiasta de Cristo, Clemente de Alejandría:

> Nosotros, los cristianos, poseemos una juventud que nunca envejece; los que tienen participación en el nuevo logos deben ser jóvenes, porque la verdad es eternamente joven y la sabiduría no envejece nunca.

En la lengua de la cultura latina, el caballero es el *eques*. *Eques* y *equus* están relacionados. El caballero es un jinete. Así era ya en la cultura de los griegos, desde Homero hasta la constitución ateniense de Solón: el *bippeus* era el hombre de armas, el ciudadano que podía disponer de un caballo para sí y para su escudero para defender la patria. Por encima del sentido militar y político, el caballero es, en Atenas, Esparta y Roma, el hombre de una elevada posición social, es decir, un hombre que tiene que sobresalir sobre los demás a través del deber y mediante la formación, que está personificado y simbolizado mediante su elevada posición a caballo, un hombre libre, humildemente elevado sobre lo ordinario, que sirve y manda, que marcha delante y es el último en abandonar el campo de batalla. El caballero es, por así decirlo, un hombre alado, que tiene debajo de sí la tierra, que se puede defender a sí mismo, ágil como ninguno de la infantería. El caballero es el noble, en el mejor sentido de la palabra.

Esta imagen del caballero, que existió en toda la cultura antigua y también en el mundo israelita del Antiguo Testamento, la emplea la palabra de Dios para simbolizarnos con ella verdades que solo con imágenes podemos presentir y comprender. Así, la Biblia nos describe en el libro segundo de los Macabeos [11,8], cómo Dios, en la figura de un ángel, va en ayuda de su pueblo con poder asombroso: «Se les apareció en cabeza un jinete vestido de blanco resplandeciente, blandiendo armas de oro». Pero lo que aquí sucedió no fue sino anticipo lo que le cayó en suerte al pueblo de Dios con la redención de Jesucristo. Esta imagen primitiva del caballero es una de las imágenes simbólicas fundamentales con las que intentamos expresar las verdades espirituales que de otro modo son incomprensibles. No se nos podía regalar un símbolo más profundo ni más acertado que el del caballero enviado por Dios, cuando se quiere dar a entender en imágenes la liberación del pueblo de Dios por el poder victorioso de nuestro Señor Jesucristo.

Sería, pues, insensato tratar de objetar que esta «imagen» no la podemos entender hoy, que ya no nos «dice» nada, que está superada y se ha vuelto anticuada. En ese caso, también tendríamos que decir que está superado y pasado de moda llamar a Jesucristo «rey» y a la comunidad de los redimidos «el reino de los cielos». No, no podemos realizar la desmitificación de los conceptos bíblicos fundamentales (que tanto se pregona hoy), si no queremos que cada vez se nos haga menos comprensible la palabra de Dios contenida en las sagradas Escrituras.

La palabra de Dios del Nuevo Testamento, que nos habla de Jesucristo como del caballero enviado por Dios, nos debe hacer recordar todo el mundo de ideales caballerescos. La palabra eterna del Apocalipsis nos describe a Nuestro Señor de la siguiente manera:

> Vi el cielo abierto, y había un caballo: el que lo monta es llama Fiel, Veraz, y juzga y combate por la justicia. Sus ojos son como llama de fuego... Viste un manto empapado en sangre... Lleva sobre su manto... escrito su nombre: Rey de Reyes, Señor de señores [19,11-16].

Este jinete es Cristo. El caballero, nuestro Rey y Señor. Este es el jinete apocalíptico de la victoria de la historia universal, victoria que ganó mediante la muerte de sangre en la cruz. El que dijo con una audacia sin igual: «Confiad, yo he vencido al mundo» [Jn 16,33]. Este es el caballero Cristo, que cabalga a través de los siglos de la historia universal, el Rey, el libre que tiene la tierra bajo sus pies, que es elevado y sirve, que va delante y es el último en abandonar el campo de batalla. Es el Señor Cristo, que fue fiel hasta la muerte y por eso recibió la corona regia de la vida: por eso se le llama «fiel y veraz», *pistos kai alethinos.* Es un hombre como nosotros, vivo, con sangre, auténtico, hombre pleno. Pues la sangre que él derramó y que empapó sus vestidos de caballero es sangre humana, la sangre que su madre le había preparado. Tiene una patria terrenal como nosotros, una Madre como nosotros, tiene amigos y enemigos. Se entusiasmó y llegó a agotarse, sintió ánimo y desaliento: un hombre como ningún otro sobre la tierra, que se alegró y murió. Y precisamente por eso es el vencedor, el jinete real, la palabra sublime de Dios.

Todavía debemos profundizar más en esta imagen bíblica del caballero Cristo. El Señor, como da a entender el Apocalipsis, se hizo Rey precisamente por su entrega a la muerte, por el derramamiento de sangre en su muerte de cruz. *Im-*

molatus vincit, se dice en un himno de la Iglesia: fue sacrificado, y así se hizo rey. De esta forma, la muerte en el infame patíbulo de la cruz es el punto crítico para la victoria. La cruz se convirtió en *tropaion,* en *trofeo* del caballero victorioso. Este concepto de *tropaion* pertenece a la teología del caballero Cristo.

Cuando los griegos y los romanos alcanzaban una victoria sobre el enemigo, erigían, en el lugar donde el enemigo se había dado definitivamente a la huida, la señal de la victoria que llamaban «punto crítico» (= *tropaion*). Y en esta enseña colgaban las armas conquistadas al enemigo. El mismo símbolo emplea Pablo para significar la victoria de Cristo, cuando dice del Señor que matado nuestra salvación, que nos vivificó «canceló la nota de cargo que nos condenaba con sus cláusulas contrarias a nosotros; la quitó de en medio, clavándola en la cruz, y, destituyendo por medio de Cristo a las Potestades y los Principados, los exhibió en público espectáculo» [Col 2,15]. Y precisamente en esta oposición aparente está la esencia más profunda de la obra de nuestro Señor: llegó a ser vencedor por su muerte; «el príncipe de este mundo será arrojado por el madero de la Cruz» [Jn 12,31-33]. Humillándose a sí mismo, llegó a ser «Señor». Precediendo a los muertos, se hizo «creador de la vida». Precisamente por haberse entregado, con su realeza libre, a la esclavitud de la muerte, fue «coronado de gloria y honor por haber padecido la muerte, y hecho jefe que iba a guiarlos a la salvación» [Heb 2,9-11].

Ahora preguntamos: ¿qué nos dice a nosotros este ideal del caballero Cristo? Si tratamos de dar una respuesta que no diga frases tópicas o románticas del mundo de la caballería, tendremos que descender a las profundidades de la revelación sagrada; debemos hablar de tal modo que la obra salvífica que nos mostró Dios en Cristo muerto, y por eso victorioso, se nos presente como la obra de un amor sobreabundante, o como dijo Pablo [Ef 3,19], de la caridad «que supera toda ciencia» del Padre eterno a la humanidad. Este amor de Dios es siempre «superabundante» [Rom 5,20; Ef 1,8; 1 Tim 1,14]. Este amor se supera a sí mismo, ya no es deficiente ni egoísta, se desborda, se da a sí mismo, hasta la muerte en cruz del Hijo. «Nadie tiene amor más grande». Puesto que la obra de la redención universal que culminó en la muerte en cruz se debe desarrollar a través de todas las épocas de la historia, también deberá continuar el misterio de la sobreabundancia: en todas las épocas debe haber hombres que puedan comprender con grandeza de corazón la grandeza del amor que el Padre nos ha regalado en Jesucristo. El jinete Cristo busca jinetes, luchadores, soldados, conmilitones que luchen con él. Cristo necesita hombres que sean y quieran ser caballeros, libres, nobles que tengan la tierra bajo sus pies, que puedan cabalgar jubilosos, que se eleven humildemente sobre lo ordinario, sirviendo y mandando, que marchen al frente y sean los últimos en abandonar el campo de batalla. Hombres que adivinen algo de la victoria que solamente se consiguió en la cruz. Hombres que, como una guardia, rodeen el *tropaion* del rey. De esos hombres caballerosos a los que ha cautivado el amor superabundante de Cristo se dice en el Apocalipsis:

> «Vi un caballo blanco; el jinete tenía un arco, se le dio una corona y salió como vencedor y para vencer otra vez» [6,2].

Este es el cristiano que ha comprendido al jinete Cristo. El hombre que renuncia a sí mismo, que ha comprendido algo del misterio de la sobreabundancia con la que nuestro Señor, por la donación de su sangre, ha obtenido la victoria sobre el enemigo. Un hombre al que se puede coronar con una corona de vencedor. Sería ridículo coronar a un hombre vestido con una bata. Antes se requiere haber llevado una armadura y haber luchado la buena batalla. «El atleta recibe la corona solo si no lucha conforme a las reglas» [2 Tim 2, 5]. Con Cristo solamente puede cabalgar aquel de quien se pueda decir que es «fiel y veraz», *pistos kai alethinos*. El que quiere pertenecer a estos amigos, compañeros de lucha y de esclavitud del Señor, ése es un caballero: *eques Christi*.

¿Pertenecemos nosotros a ellos? Para responder tendremos que mostrar cómo, a lo largo de la historia del reino de Dios, se ha realizado, en formas nuevas cada vez, ese ideal caballeresco del hombre cristiano. Ya Pablo decía a Timoteo, su amigo y compañero de lucha: «Toma parte en los padecimientos como buen soldado de Cristo Jesús. El que sirve en el ejército solo quiere agradar al que lo alistó en sus filas» [2 Tim 2,3-4].

Los cristianos primitivos fueron arrebatados por la grandeza del servicio guerrero a favor de Cristo Rey. Solo así se entiende el poder victorioso con que se impuso la pequeña y perseguida Iglesia. Ya en el año 96 se dirigía el papa Clemente a los cristianos con estas palabras:

> Prestad, varones y hermanos, un servicio de milicia, con toda constancia, bajo las leyes intachables de Cristo.

Y el obispo mártir Ignacio esboza la imagen del luchador cristiano:

> ¡Ganaos el contento de vuestro señor de armas, pues de él recibís la paga! ¡No desertéis de él! ¡Que el bautismo sea vuestra armadura; vuestra fe, el yelmo; el amor sea la lanza; la paciencia, la armadura!

Cuando, en este tiempo primitivo de la Iglesia, un cristiano recibía el bautismo, era tan vivamente consciente de haber entrado en la milicia de Cristo Rey que en la liturgia del bautismo se volvía hacia el este, por donde sale el sol y gritaba solemnemente: *Syntassomai soi, Christe,* es decir: «Entro en tus filas, en tu milicia, oh Cristo»; y después, vuelto hacia el occidente, es decir, hacia la región de las tinieblas, decía: *Apotassomai soi, Satana:* «Salgo de tu milicia, oh Satanás». Se entraba tan vivamente consciente en las filas de los caballeros de Cristo, que Clemente de Alejandría, en recuerdo de su bautismo, pudo decir una vez:

¡Qué peligro tan sublime es pasarse al frente de Dios!

¿No oís resonar en esta expresión del peligro sublime toda la fuerza juvenil del cristianismo primitivo? Este pasarse al primera línea de Cristo, esta pertenencia a Cristo Rey, libre, consciente, vitalmente peligrosa, eternamente irrevocable, esto es lo que considero el ideal caballeresco verdadero de los cristianos primitivos. Pero esto significa, al mismo tiempo, la *apotaxis,* la renuncia libre, consciente e irrevocable al «príncipe de este mundo», al gran enemigo del Señor, a Satanás, a sus pompas y a sus obras.

También vosotros estáis bautizados. Un día, alguien dijo en lugar vuestro: «Renuncio a Satanás y a sus pompas». ¿Va a quedar reducido a una frase litúrgica? ¿No habéis sentido en vuestros años de juventud, muy dentro de vuestra alma y en vuestro propio cuerpo, que por todo el mundo avanza una línea de combate, un frente entre Cristo y Satán, por todo el mundo y a través de los ventrículos de vuestro corazón? ¿No se debería revitalizar también hoy aquel coraje con optimismo de victoria de los cristianos primitivos? Lleváis en vosotros las insignias de caballeros del Rey, el signo con el monograma XP, y sabéis de dónde procede. En Lactancio y Eusebio podéis leer el entusiasmo que cundió entre las filas del emperador Constantino cuando, antes de la batalla decisiva del puente Milvio, los soldados pintaron por primera vez sobre sus escudos con rojo de minio el monograma XP. Presentían algo de la grandeza de la hora histórica; tal vez no supieran explicarlo, pero nosotros, que podemos mirar hacia atrás, lo sabemos: no iban a la lucha en defensa del viejo Júpiter romano, ni del culto al «sol invencible», sino a luchar por el verdadero Señor de toda la historia universal, por ese humilde Jesús de Nazaret que es el único Kyrios y cuya insignia XP tenemos también la dicha de llevar.

Demos un paso más en la historia del auténtico ideal del caballero cristiano. Lentamente va transcurriendo el tiempo hasta que los pueblos germánicos construyen el occidente con la herencia de Roma. La vieja imagen cristiana del *miles Christi* se asocia con el pensamiento germánico, cuya grandiosa imagen del *comitatus*, de la fidelidad del vasallo, describe Tácito. Para los «francos amantes de Cristo» compuso Venancio Fortunato el himno *Vexilla Regis prodeunt, fulget crucis mysterium* («Ondea en lo alto el estandarte del Rey, resplandece el misterio de la cruz»). A este estandarte del Rey juran fidelidad los cristianos germánicos, y le siguen los reyes y muchedumbres de monjes silenciosos. Y este estandarte es la cruz: esto significa que la fidelidad de vasallo verdadera, constante y con santa sencillez del cristiano solamente puede consistir, en su esencia más profunda, en seguir al Rey que ha conseguido su victoria, vestido con el hábito de caballero empapado en sangre. Significa seguirle renunciando al propio yo. Quien no comprenda esto, que se despoje de su armadura y se quede con su batín ordinario, pues no ha comprendido nada de lo que significa el estandarte de la cruz ni del poder sagrado que impulsó una vez al occidente cristiano, este corazón de los pueblos.

La Edad Media vivió de ese ideal en sus horas más sublimes y al realizar sus mejores empresas. La fidelidad de vasallo a Cristo, el *Imperator mundi,* fue la fuerza más profunda con la que se formó esta orden de caballería medieval que ahora avanza hacia su punto culminante de desarrollo. El partidario consagraba a Cristo Rey sus armas en la noche en que era armado caballero. El rey y el emperador era para él el señor consagrado y amado por Cristo y por eso le seguían los hombres libres como «acompañantes» como *comites,* los condes y los vigilantes de las marcas. *Comitatus* era la alta consigna, el vasallaje superior. El vasallaje, un servicio espontáneo de fidelidad, un doblegarse libremente, una obediencia noble. Y la *fidelitas* era el corazón de este servicio, la fidelidad evidente y con renuncia a uno mismo, que no necesita de muchas palabras. Los caballeros juraban esta fidelidad con la *traditio manuum,* que consistía en que el señor cogía con sus manos las del caballero. Con ello el señor aceptaba lo que se denominaba *reverentia, obsequium et servitium,* la fidelidad reverente y obediente, la entrega del caballero, que por su parte recibía como recompensa el derecho a llevar el hábito y las insignias honoríficas y el escudo de su señor. Contemplando este ideal podemos comprender los grandes hechos de la Edad Media, por mucho que se quiera objetar contra lo humano y los errores políticos de su realización. En el fondo, el cesarismo y el poderío de la Iglesia, las cruzadas y las órdenes de caballería solo pretendían luchar por el reconocimiento terrenal del poder de los reyes, que pertenece y pertenecerá al Señor Jesucristo. Continuamente se repite en las fuentes de la historia medieval el *sub Christo duce nos-*

tro, marchamos a la batalla; el *pro Christo mori* es el fin de un auténtico caballero. Una cruzada es una «peregrinación en armadura», por mucho que de este ideal se hayan mofado políticos egoístas: en el corazón de los grandes, de los verdaderos caballeros, de la orden de caballería, de los reyes santos de occidente siguió luciendo con vitalidad. *Pro Christo laborare*, renunciar a sí mismo por Cristo en un penoso servicio es lo único glorioso y bienaventurado: así está escrito en una relación de los cruzados.

Este ideal caballeresco fue la única herencia que quedó cuando, en el «otoño de la Edad Media» (el gran historiador de la cultura Huizinga nos lo describió en su conocido libro) se desmoronó el viejo mundo y se formó otro nuevo. Los reyes españoles partieron a liberar a su patria para Cristo Rey; Colón salió a buscar un nuevo mundo *in nomine Domini Christi*, y a la primera isla descubierta le puso el nombre de *San Salvador* y *Santa Cruz*.

El mundo de la Edad Media se ha hundido. Pero permanece para siempre lo que en este mundo habían pensado, formado y hecho los grandes genios: las Sumas teológicas, las catedrales góticas, los castillos y el ideal del hombre caballeresco que se eleva libremente por encima de lo ordinario; que marcha cabalgando su caballo para servir a su rey y que, sin embargo, puede servir humildemente a todos los enfermos, como caballero de una orden; que sirve y manda; que marcha al frente y es el último en abandonar el campo de batalla.

Al acercarnos a la Edad Moderna, resurge la pregunta: ¿sigue siendo atrayente y vivo este ideal para los jóvenes modernos? ¿O es, más bien, una ruina romántica, como un viejo castillo en el que uno se puede cobijar durante unos días de vacaciones pero que no es habitable para toda una vida?

La misma pregunta se hizo un caballero en España, herido en la guerra, al irrumpir poderosamente la Edad Moderna, y ya no le dejó en paz. ¿Existe un servicio caballeresco más elevado que el que se hace en las campañas al emperador y el amoroso a una dama del corazón? Entonces cayeron en sus manos, durante su convalecencia, la *Vida de Cristo* del alemán Ludolfo de Sajonia y la *Leyenda áurea de los santos;* leyó y quedó admirado, pues en ellos encontró palabras de un alto ideal caballeresco que todavía le ofrecían novedad y le entusiasmaban. «Mira la grandeza incomparable y regia que se manifiesta en la pasión y muerte del Rey de todos los reyes y señores. Esta cruz la debe coger con la mano derecha quien lea este libro, como un signo victorioso y eternamente triunfante que cautiva a las almas generosas, y que arma a los caballeros de Dios, a los santos, con fuerza para la victoria valiente y magnífica sobre sí mismo, sobre el mundo y sobre Satán».

El que esto leía era *san Ignacio de Loyola.* Y con todo el ímpetu de su corazón magnánimo comprendió que los ideales caballerescos más profundos son inmortales cuando se ponen con lealtad al servicio del Cristo, Rey eterno. La soledad de Manresa fue para él deslumbrante: Jesús de Nazaret es hoy y será hasta el fin de los tiempos el Rey del mundo, que cabalga a través de la historia y busca seguidores fieles.

Ignacio lo dejó escrito en su librito de *Los ejercicios espirituales*[131], y lo que él escribió abre nuevos horizontes a la historia de las almas. Así dice la irresistible llamada de este rey:

---

[131] Citamos según la versión en castellano modernizado de M. Iglesias, *Ejercicios espirituales de san Ignacio de Loyola* [Monte Carmelo, Burgos 2004].

Mi voluntad es conquistar todo el mundo y todos los enemigos, y así entrar en la gloria de mi Padre; por tanto, quien quisiere venir conmigo ha de trabajar conmigo, para que siguiéndome en la pena también me siga en la gloria.

¿No oís que suena de nuevo el viejo ideal del caballero: *laborare pro Christo?* Pero ahora los enemigos ya no son los infieles y los pueblos fronterizos que amenazan, sino la multitud de poderes que se reúnen en tomo al único enemigo cuya derrota seduce a un corazón magnánimo y entusiasta de Cristo: el enemigo es el enemigo de Cristo. Para luchar contra él y para completar la victoria, iniciada con la muerte de cruz, sobre el «príncipe de este mundo» hasta los confines de la tierra y de la historia universal, sale a caballo el caballero Cristo y llama consigo a servidores fieles que hayan comprendido que la victoria solamente se puede conseguir con esfuerzos valerosos. Esta «llamada del Rey» que Ignacio ha oído, que no puede pasar desapercibida y no se puede uno evadir cobardemente ante ella, se dirige al hombre caballeresco que, como dice Ignacio magistralmente, es *promptus et diligens,* está dispuesto con «prontitud y diligencia». Ignacio es de la opinión de que «si alguno no aceptase la petición de tal rey, cuánto merecería ser menospreciado por todo el mundo y tenido por perverso caballero». ¿No oís aquí el nuevo y el viejo ideal del caballero de Cristo? Éste debe ser «presto y diligente». Quisiera traducir esto directamente: el caballero debe seguir al rey con una elegancia ágil y deportiva, con una actitud de fidelidad desinteresada, sin contar ni regatear.

Y ¿a dónde le debe seguir? Prestad atención, pues aquí se encierra lo más auténtico y permanente que constituye el ideal del caballero cristiano. Debe seguir a Cristo en la «lucha contra la propia sensualidad, en la guerra contra la carne y el mundo». Más exactamente: en la lucha contra Satán, que es el enemigo de Cristo desde un principio. Contra Satán, a cuyas pompas hemos renunciado en el bautismo. Se trata, pues, de nuevo de esa primera línea de la que ya hemos hablado al considerar el ideal del soldado de Cristo de los primitivos cristianos: Ignacio lo ha expresado con la visión grandiosa de las «dos banderas». Éste es el sentido más profundo de la historia universal entre la muerte en cruz del Señor y su gloriosa venida al fin de los tiempos: muerte y vida, tinieblas y luz, Cristo y Belial [2 Cor 6,14-15] están frente a frente en la historia de los pueblos humanos y escondidos en lo más dentro de nuestro corazón. La teología de los tiempos primitivos lo expresó en las imágenes de Babilonia y Jerusalén y de los dos ejércitos acampados que se concentran en torno a los reyes de ambas ciudades. Ignacio lo leyó, durante su conversión, en la vida de san Agustín, que en su famosa obra *La ciudad de Dios* describió esta lucha de la historia universal. De él dice Ignacio en el libro de su conversión:

> San Agustín trata de las ciudades de Jerusalén y de Babilonia, y de sus reyes. El rey de Jerusalén es Cristo, el rey de Babilonia es el demonio. Y dos poderes del amor han edificado estas dos ciudades: la ciudad del demonio surge del amor propio, que llega al desprecio de Dios; la ciudad de Dios surge del amor de Dios, que lleva hasta el desprecio de uno mismo.

Ahora bien: este «desprecio de uno mismo» no es otra cosa que el desprecio de lo diabólico en mí, la lucha contra el yo egoísta, el sacrificio del corazón. Tales hombres busca el rey Cristo, que salvó al mundo victoriosamente entregándose a la muerte y «no buscó su propio agrado» [Rom 15,3]. Cristo busca y llama a los hombres que lo han comprendido, hombres que estén dispuestos «presta y diligentemente» a seguirle en el esfuerzo de esta entrega del corazón. Quien esto hace libre y espontáneamente, con valentía y fidelidad, es un caballero. Todo un cristiano. Un *Christos* que lleva en su corazón el signo XP. Es un hombre que, como dice Ignacio, «quiere aspirar a más y señalarse en todo servicio de su rey eterno y señor universal».

Este caballero está sobre lo ordinario: quiere hacer algo que no solo es necesario para su salvación eterna; no solo quiere salvar su alma, sino hacer «más» por su amado Señor. Hacer más: he aquí el elemento más íntimo de la caballerosidad cristiana. Cristo solamente puede desarrollar su reino victorioso con la ayuda de fieles seguidores, conmovidos por la pasión buena de lo «más». Los cobardes, los adormecidos y egoístas no se necesitan en el reino de Dios. Es verdad que entre las huestes de Cristo es necesaria la infantería. Pero el caballero Cristo necesita también caballeros. Tales hombres eran los que Ignacio quería reunir en torno a sí, para llevarlos a su Rey: «Lo grande solamente puede hacer cosas grandes –les decía–, y «No podéis contentaros nunca con medianías». Otra de sus frases ardientes era:

> Hacer negligentemente las cosas del mundo puede pasar, pero hacer negligentemente las cosas de Dios es insoportable.

Y al hablar de los ejercicios espirituales, se atreve a repetir la palabra de Dios: «¡Maldito el que ejecute negligentemente la obra de Yahvé!» [Jer 48,10]. Ya presentís cuáles son estas honduras del ideal caballeresco: Dios no necesita de cobardes, de cansados y de negligentes para la victoria de Cristo Rey, así como Satanás solamente celebra sus victorias en el mundo todavía sin redimir, cuando arrastra tras de sí a una juventud valiente dispuesta a renunciar a su yo... «¡Ojalá fueras frío o caliente!», dice Dios en el Apocalipsis [3,15-16], «pero porque eres tibio... estoy para vomitarte de mi boca». Oídlo: es más agradable a Dios alguien que es frío, tan frío tal vez como la juventud que en la zona oriental es adiestrada para el frío. ¿Y vosotros? ¿Ardéis vosotros sobre una tierra en la que Cristo nuestro Señor arrojó fuego para que arda [Lc 12,49]? ¿No debemos avergonzarnos, ante Cristo y ante nuestros hermanos a quienes se enseña a luchar contra Cristo, de ahogarnos poco a poco en la abundancia de nuestra burguesía cotidiana? «Como noble caballero»[132], dice Ignacio, debemos servir al Señor. «Enséñame, oh Dios, la verdadera generosidad de dar sin contar, de luchar sin prestar atención a las heridas». Así dice una oración que se atribuye al santo.

El caballero más grande de los tiempos modernos de la Iglesia, *Francisco Javier*, a quien se le ha llamado el «saltador elegante de Cristo» porque, con un «corazón inmenso», saltó hasta los confines del mundo, hasta Japón y China, escribió desde allí a los estudiantes adormilados de Europa:

Muchas veces me mueven pensamientos de ir a los estudios de esas partes, dando veces, como hombre que tiene perdido el juicio, y principalmente a la universidad de París, diciendo en Sorbona a los que tienen más letras que voluntad, para disponerse a fructificar con ellas: «¡Cuántas ánimas dejan de ir a la gloria y van al infierno por la negligencia de ellos!». Y así como van estudiando en letras, si estudiasen en la cuenta que Dios, nuestro Señor, les demandará de ellas, y del talento que les tiene dado[133].

---

[132] En castellano en el original.
[133] Ndt: San Francisco Javier, *Carta 5 a San Ignacio de Loyola*, de 1544. Citado según la Liturgia de las Horas, Oficio de lectura del 3 de diciem-

Ved: este era un caballero. Este es el ideal de vida de la *militia Christi*. El ideal del que podemos decir que es válido «ayer y hoy y por los siglos». Mucho de este ideal está condicionado por los tiempos y no se entiende con la misma fuerza en todos los momentos de la historia; pero la exigencia fundamental de Cristo Rey continúa: necesita hombres caballerescos para la edificación y la victoria de su reino. Jóvenes que quieran «más» de lo que es necesario. Y así nos hace hoy de nuevo la vieja y santa pregunta: ¿Quieres venir conmigo? *¿Quieres?* No tienes que hacerlo necesariamente. Su pregunta no es un mandato. Tú puedes salvar tu alma sin necesidad de seguirle en todas sus penalidades. Puedes permanecer «en casa», puedes quedarte sentado tras la estufa de tu mezquina burguesía o puedes alistarte en la infantería de los sensatos. Pero él necesita también caballeros, jinetes en el reino de Dios, que quieran ser «fieles y veraces». Jinetes que cabalguen sobre el caballo blanco del entusiasmo, hombres que con él, el crucificado, sean los últimos en abandonar el campo de batalla. ¿Quieres?

Esta es la llamada del rey. *Christus hodie.* Esto es lo que tenemos que comprender o que querer comprender, si queremos llamarnos caballeros. Permitidme redondear este ideal con las palabras de dos documentos que abarcan la problemática del tiempo en el que vivimos y crecemos.

El primero es una alocución que dirigí en mayo de 1933 a jóvenes, es decir a hombres que sé que murieron pronto, seis o siete años después, en alguna parte de Rusia o África, donde ahora yacen corrompidos sus bellos cuerpos juveniles; hombres que entonces eran tan jóvenes como vosotros ahora; que no sabían lo que les traería el futuro, como tam-

---

bre.

poco lo sabéis vosotros. Entonces les dije, y es lo mismo que os digo hoy a vosotros:

Cuando los antiguos romanos lograban una de sus victorias, erigían un trofeo en el lugar donde el enemigo se había dado a la fuga. San Pablo aplica esto a la victoria de Cristo Rey en la cruz. Cristo es el único que consiguió la única victoria importante de la historia universal, la victoria sobre el enemigo de Dios y de la naturaleza humana. La cruz es su trofeo y el símbolo de su triunfo. Desde entonces no conoce la estirpe regia de los cristianos otro signo de victoria. Desde entonces marchan a la lucha innumerables multitudes tras el estandarte de Cristo. Desde entonces está el mundo dividido en dos campamentos: Cristo y Belial, luz y tinieblas, vida y muerte. ¿A dónde vamos nosotros? Nosotros, amigos míos, queremos llevar el estandarte de Cristo. Desde el bautismo pertenecemos a su reclutamiento. «Yo quiero entrar en tus filas, oh Cristo».

Bajo la figura del abanderado del antiguo sacro imperio germánico leí una vez la inscripción: «¡A ti, abanderado, con alegría y fidelidad!». Éste es el lema fundamental del ideal germano del caballero cristiano. Con fidelidad. Nosotros hemos elegido este estandarte porque sabemos que la alegría que puede llenar nuestro corazón solo nos la puede dar Cristo. Pedro únicamente podremos participar de esta alegría, si decimos con mirada limpia a Cristo y a su estandarte: ¡A ti, con fidelidad! Tras este estandarte solamente queremos jóvenes que en todo momento puedan mirar a los ojos del Rey con resplandeciente alegría, y le digan: ¡A ti traigo mi pureza y mi juventud inmaculada! Y por tanto: ¡A ti, con fidelidad! No puede haber siempre entusiasmo. Entonces entra en juego la fidelidad que continua y tenazmente marcha tras el estandarte, aunque haga calor y haya polvo, aunque la lucha sea difícil y la alegría parezca desvanecerse. Solo en la resistencia con fidelidad se muestra el verdadero caballero. Solo entonces se ve si el entusiasmo era auténtico y si tú permaneces fiel a Cristo y a su estandarte, aunque otros se mofen y se burlen de él; si permaneces fiel, aunque la lucha se dirija contra ti mismo y contra todo lo que en ti es aún hostil a Cristo.

Estas eran las palabras de ese documento de hace más de veinticinco años. Si alguno de aquellos jóvenes oyentes, si alguno de entre aquel enorme ejército de los que desde hace tiempo yacen muertos y medio olvidados, hubiera grabado estas palabras en su corazón, desearíamos gritar hoy ante su tumba; y desearíamos también secretamente que se nos pudiese gritar algún día a nosotros: ¡Bienaventurado eres!

El otro documento podría reflejar el extremo opuesto a este ideal del caballero (se puede reflexionar o bromear sobre ello). Es un texto de la comedia de John Osborne, *Mirando hacia atrás con ira*[134]. Allí un joven representante de la generación actual de adolescentes dice:

> Creo que los hombres de nuestra generación ya no son capaces de morir por una cosa buena. Otros lo hicieron por nosotros, en los años treinta y cuarenta, cuando todavía éramos niños. Ya no existe ninguna cosa buena que merezca la pena. Cuando llegue la gran hecatombe y todos saltemos en pedazos, será tan vergonzoso y absurdo como si fuéramos atropellados por un autobús.

¿Dónde está la verdad? ¿A quién quieres pertenecer? ¿A la caduca juventud que ha dejado todo atrás y se burla de los románticos? ¿A los jóvenes que bajo la violenta dentellada de una dictadura terrenal son entrenados para el entusiasmo? ¿A

---

[134] NdT: *Look Back in Anger* (1956). [trad. esp. *Recordando con ira*: https://www.actors-studio.org/web/images/pdf/john_osborne_recordando_con_ira.pdf].

los comodones con los que Cristo no puede empezar ni concluir nada? ¿O a los valientes, cuyo ideal, sin palabrería ni beaterías, es la figura noble del caballero?

«Fiel y veraz» es el jinete Cristo. Quien quiera seguirle, debe ser fiel y veraz. Esto significa que todas las palabras elevadas y hermosas que hasta ahora hemos dicho acerca del caballero se convertirían en palabras necias si no tratamos de vivirlas. No podemos acurrucarnos, todos bien juntos, para problematizar sobre la esencia del caballero, sobre su historia y sobre si ha pasado de moda, en un momento en el que la juventud del mundo está desde hace tiempo en medio de las llamas de un fuego que Jesucristo no trajo a la tierra. «No planeéis para el futuro, sino sed». Así ha gritado uno de entre las filas de los portadores de antorchas anticristianas. Y tiene razón. Si pensáis en nuestro Señor Jesucristo y en su reino, no podréis tener ya sosiego. Si Cristo llama, no se puede regresar al «orden del día». Todavía debemos hablar entre nosotros acerca de cómo realizar este ideal irrenunciable del caballero en el mundo cotidiano del joven moderno cristiano. Nos tiene que suceder lo mismo que a aquellos hombres en el primer Pentecostés: «Al oír esto, se les traspasó el corazón, y preguntaron a Pedro y a los demás apóstoles: ¿Qué tenemos que hacer, hermanos?» [Hech 2,37].

Sí. ¿Qué tenemos que hacer? Lleváis el signo de Cristo. Queréis algo, pero lo vuestro no es un mero hablar piadoso sin ton ni son. Quisierais ser los despiertos. Deberíais serlo. Quisierais ser fieles, aunque ese deseo de algún día no sea ya tan vivo. Experimentáis la responsabilidad por vosotros mismos, por vuestra escuela, por vuestros hermanos que os rodean. Estáis –y esto no lo digo para adularos, sino desde un profundo convencimiento–, en posesión de un programa pensado a fondo y probado cuya claridad cristiana podría envidiaros la juventud católica de todo el mundo. Pero ¿qué es un programa sin el salto audaz del corazón? ¿Qué es un caballero solamente sobre el papel? ¿Qué es el entusiasmo sin la fidelidad cotidiana y verdadera? ¿Qué es el servicio a los demás sin el dominio de sí mismo? Entremos, pues, hasta el centro de nuestro corazón. Yo quisiera ahora, por así decirlo, hacer punzante y agudo, afilar el ideal del caballero tal como lo hemos interpretado por los escritos y la historia e introducirlo en vuestro corazón. Tú no puedes evadirte, tú debes plantarte estas preguntas, fiel y sinceramente. No debe darse el caso entre vosotros de que las palabras escritas en uno de vuestros documentos más recientes se hagan realidad en vuestros círculos: «Cuando los caballeros calcificados se encuentran al final de la ronda». Con algunos rasgos esenciales voy a intentar trazaros la figura del caballero. Creo que el joven moderno es un caballero si es «presto y diligente».

Promptus el diligens: así calificó Ignacio al caballero de Cristo. Se podía también traducir muy bien la expresión por «dispuesto y rápido». ¿Qué quiero decir con ello? Cuando un obispo consagra a los subdiáconos de la Iglesia les llama, en el pleno sentido del antiguo ideal del *miles Christi,* con una audaz expresión: *Strenuos sollicitosque caelestis militiae excubitores,* es decir «valientes y despiertos vigilantes de la milicia celestial». Considerad la palabra *excubitor.* Se relaciona con la palabra *cubile,* es decir, dormitorio. Un *excubitor* es, pues, un soldado que no remolonea en la cama, sino que puede saltar prontamente y está preparado cuando el capitán le llama. Estos son los soldados vigilantes que Cristo necesita. No necesita soldados dormilones. Pregúntate, pues: ¿soy un hombre internamente pronto para Cristo? ¿Estoy siempre con el corazón dispuesto a dar el salto hacia Cristo y sus hermanos? ¿Soy rápido en su servicio? Más concretamente: ¿estoy dispuesto a colaborar en la organización como un caballero vigilante y despierto? Cuando, hace casi cincuenta años, iba yo al colegio, habíamos formado una pequeña sociedad que llevaba el nombre nada bonito de «Liga juvenil». Cuando ahora vuelvo la vista atrás, me tengo que reprochar no haber colaborado entonces con la suficiente prontitud y diligencia, pues creía con frecuencia que uno puede encontrar también su camino como un solitario.

Ved, pues: el verdadero yo, la forma acuñada de independencia solo la puede encontrar el hombre dentro de una sociedad, en la que tendrá que renunciar a su yo tan querido y mimado. Esto vale para la colaboración en vuestra organización. Sin sentencias ni palabrería debéis estar dispuestos con sinceridad de corazón a colaborar en ella servicialmente. De lo contrario, todo lo que se diga del caballero sería una palabrería sin sentido. Hay una bella frase de Friedrich Hebbel:

> He experimentado que todo hombre diligente tiene que desaparecer en un gran hombre si quiere llegar alguna vez al conocimiento de sí mismo y a un uso seguro de sus fuerzas. Un profeta bautiza al segundo y aquél a quien este bautismo de fuego chamusca el cabello, no había sido llamado[135].

Este gran hombre en el que queremos desaparecer es Cristo, el Señor. Pero a este Señor solamente lo encontraremos en la sociedad de la Iglesia, más concretamente, solo en una sociedad inserta en la Iglesia y, por tanto, hablando a vosotros, en la sociedad de la organización que os ha confiado el signo XP. De ahí que vuestro programa recoja las palabras decisivas:

---

[135] NdT: *Diario* 1 de enero 1836: *Tagebücher*, 2 vol. Ed. F. Bamberg (1885-87).

Por eso, a la larga, solamente pueden pertenecer a la asociación los hombres despiertos, activos e independientes.

En esta hora solemne, volved a escribir ardientemente esas palabras en vuestro corazón. Solo así seréis caballeros.

¿Qué quiere decir esto? Creo que entre los rasgos esenciales del caballero figura el de no tomar nada «como evidente». El caballero es ese hombre de armas, como hemos visto por la mirada general a la historia, que, erguido sobre su caballo, se puede elevar libremente sobre lo cotidiano, el humildemente elevado sobre lo ordinario, el hombre de las cosas audaces. Se le llama *magnanimus* al hombre de gran corazón. Es, pues, el hombre que no toma con apática naturalidad las cosas en torno suyo, sino que está despierto para lo inaudito que significa ser creado por Dios, ser amado por Cristo, haber sido bautizado en la Iglesia católica y ser un hombre eternamente vivo. Si se me permite decirlo, todavía me acuerdo de aquel momento en que, a la edad de dieciséis años, en la meditación silenciosa de los ejercicios espirituales me «salió» Cristo, el Señor, y yo, como si despertase de un sordo sueño, elevé mi corazón vigilante al conocimiento de Dios, en medio de la evidente seguridad dentro de la familia, de la escuela y de la Iglesia. Fue como una consagración de caballero. Lo mismo debería suceder en vuestros corazones. Debería precipitarse sobre vuestra mente el dejaros «perplejos» lo que significa ser cristiano católico, bautizado, lo que significa tener a Cristo, el Señor, como amigo de vida. Este temor, este entusiasmo ante lo eterno es lo que consagra a un hombre como caballero.

Tomad, pues, en serio vuestro «tiempo de silencio». Haced siempre lo que estaba obligado a hacer el caballero medieval, una «vela de armas» ante Cristo el Señor, ante nuestra

Señora. Esta es la verdadera *vigilia militis*, vela de armas en la que permanecéis vigilantes «hasta que luzca el día y el lucero se levante en vuestros corazones» [2 Pe 1,19]. Pedid que lleguéis a ser caballeros, que os ilumine durante toda la vida: Cristo es mi Señor. De este modo alcanzaréis la reflexión necesaria para configurar como caballeros, y como burgueses, el mundo de vuestras obligaciones actuales durante los años de estudio, es decir, la obligación de la preparación penosa del espíritu para vuestra futura profesión en la vida. También aquí es válido elevarse sobre lo ordinario, sobre el llamado maldito deber y obligación. Sé que no todos podéis saltar con gallarda carrera las vallas de la escuela. Pero todos deberíais tener una vaga idea del ideal que está escrito en un documento de vuestra asociación: «No debemos ser colegiales, sino alumnos». Me atrevo casi a pronunciar unas palabras paradójicas: tenéis que ser estudiantes caballerescos. Tenéis que esforzaros por elevaros sobre lo ordinario. Alguna vez se os debiera hacer patente que estudiáis para la vida, sí, para la vida eterna. Yo digo para la vida eterna. Para la vida que viene de la Palabra eterna, que ha creado los átomos y todos los espíritus humanos y que quiere reconducir hacia sí todo lo creado mediante el desarrollo del espíritu humano. Reflexionando de este modo sobre vuestra futura profesión, se os hará evidente que toda profesión recibe de Cristo su sentido: la de médico, la del investigador atómico, la del juez, la del maestro y la del sacerdote. Y al hacerse esto manifiesto, surge de los estudios, de otro modo realizados a menudo con cansancio, lamento y mal humor, esa alegría, esa alegría de la profesión que os debe acompañar durante toda la vida, la alegría del saber especializado, de lo conseguido con propia responsabilidad. Quien esto haga, será un caballero en el pupitre del colegio.

El general debía poder confiar en el caballero. Fue su compañero incontrolado en la victoria, quien permaneció fiel aun en la derrota. Todavía os debo decir algunas palabras, pues aquí se trata de cosas que son o pueden ser vitales para la existencia de vuestra asociación. El hombre caballeresco se siente especialmente llamado cuando la vanguardia está débil, cuando la infantería se acobarda, cuando amenaza la derrota. El caballero se pone entonces de parte de los débiles, dándoles ánimo con su propio ejemplo. Participa con más gusto cuando se trata de luchar que cuando se trata de triunfar. Así pasa también en el reino de Cristo al que llamamos Iglesia. Muchos escriben ¡hurra!, pero son pocos los fieles a ella, aun cuando se muestre débil. Estos pocos son los verdaderos caballeros.

Una de las horas más grandes de mi vida, la viví con motivo del *Katholikentag* de 1956, en Colonia, en que tuve la dicha de pronunciar un discurso sobre la Iglesia débil y pobre. Luego pude ver, por los numerosos escritos que se me enviaron, lo dócil que en esto es el cristiano de hoy: siente su amor caballeresco a una Iglesia todavía no gloriosa, permanece fiel a esta madre Iglesia aunque tenga arrugas y defectos en su rostro. No nos ayudan a avanzar las críticas sobre la perfección de quienes siempre saben todo mejor, pero no están nunca dispuestos a una colaboración servicial, sino el servicio fiel de los caballeros que son los últimos en abandonar el campo de batalla. Y lo mismo se puede decir, amigos míos, del servicio que prestáis en vuestra asociación. Todos sabemos muy bien –y los caballeros de la asociación los primeros–, que hay muchas cosas que no son como debieran ser, o que ya no son como fueron una vez. ¡Ay! ¡Es tan fácil y cómodo demostrar cobarde e irrisoriamente la coartada propia y retirarse con porte aristocrático! Así obra el burgués, no el caballero. En el amor fiel a la asociación, precisamente cuando todavía es débil y está necesitada de desarrollo, es donde se muestra el auténtico caballero. El caballero sin armadura es un absurdo. Indudablemente se puede despojar de su armadura, pues no va de paseo con su coraza de hierro. Suele ser generalmente humilde y objetivo, cuando habla de los ideales de su orden de caballería; para eso no necesita muchas palabras. Así tiene que ser también en vuestra asociación. No podemos matar con palabras nuestro programa.

Pero acerca de esto debemos decir algo más. El caballero debe hablar sin cesar consigo mismo, debe examinar y tantear continuamente la agilidad de sus miembros espirituales, examinar si en su vida cotidiana ha conservado tanta disciplina corporal y espiritual, de forma que, en caso de guerra, pueda ponerse su armadura sin dificultad. De lo contrario se envilecerá inevitablemente. Y algún caballero se ha desgraciado de esta manera. Ahora bien: coged otra vez, durante la hora de vela de armas, vuestro programa y hacedlo materia de un silencioso examen de conciencia. Intentad captar, mediante la lectura de estos principios de vuestro espejo de caballería, lo que de cobarde, de sórdido, de burgués quede todavía en vuestro pensamiento y en vuestra acción. Yo quisiera en este momento llamar y preguntar a la coraza de acero de vuestra conciencia: ¿quién de vosotros se atreve a leer, con honrada limpieza –fiel y sinceramente–, «se alegra de su vida y la conserva en disciplina»? ¿Sentís entonces dónde se esconde el malvado bajo la coraza? ¿Quién de vosotros se tiene que sonrojar, cuando sigue leyendo: «Se distingue por un amor cristiano a la patria y por sus sentimientos de universalidad»? ¿Quién entre nosotros es realmente un camarada fiel? ¿Quién puede decir (nunca lo puede, pero deberíamos poder decirlo cada vez más honradamente): «El nuevo alemán vive de Cristo y se sabe inseparablemente unido a él por una comunidad sobrenatural de destino, como su amigo y su modelo»? ¿Inseparablemente? ¿Incluso cuando se compruebe que esta comunidad de destino es la comunidad con el caballero Cristo, que lleva un manto ensangrentado y busca hombres que le acompañen en las penalidades y desilusiones de su campamento renunciando a la codicia, al placer y al éxito? Permanecer inseparablemente unido a Cristo: este es el sentido más profundo y más permanente de nuestro ideal de caballero. Tan inseparablemente, y renunciando incluso al propio yo, como Pablo escribía en los comienzos del reino de Cristo, con palabras de un valiente soldado cristiano: «Ni la altura, ni la profundidad, ni ninguna otra criatura podrá separarnos del amor de Dios en Cristo Jesús, nuestro Señor» (Rom 8,39). Quien pueda decir eso, fiel y verazmente, ese es un caballero.

Mis queridos amigos de la asociación «Nueva Alemania»: he llegado al fin de lo que mi corazón os quería decir en esta hora solemne, en este castillo feudal. ¿Queréis ser tales caballeros? ¿No creéis que sería una gran acción para la Iglesia del Señor y para nuestra querida patria que tales jóvenes se formasen con vuestra ayuda en vuestra asociación? Dejémonos entusiasmar por este ideal, pero estemos también dispuestos con la misma claridad y objetividad, fiel y verdaderamente, a acompañar al rey a las penalidades del campamento: «Si quieres seguirme, debes trabajar conmigo». Esta es la consigna del jinete Cristo, la cual no nos puede engañar. Permitidme resumir una vez más en qué consiste ser caballero de Cristo, más allá de toda imagen y de toda forma.

El joven que, dentro de vuestra asociación, quiera ser un

caballero de Cristo en este sentido ultraterrenal y aún hoy tan palpitante, es un seguidor de Cristo Rey a quien el papa Pío XI, al instituir la fiesta de la realeza de Cristo, calificó como el «gran ignorado de la historia universal» y como el «rey expulsado de los intereses estatales». El llamado reino de Cristo es, a los ojos de los poderes reales temporales, (y esto lo veis vosotros mismos en los periódicos, en vuestra escuela y en el propio corazón), una cosa de sacristía, de las almas inspiradas en una piedad litúrgica, o, en el mejor de los casos, de los programas de paz de los últimos papas, puestos en acta con una sonrisa diplomática. En los pactos de los cuatro grandes, en Yalta y en Potsdam y en la gran Casa de Cristal de Nueva York, donde se debía preparar la paz mundial, apenas se tiene noticia de este peculiar Cristo Rey. Hoy se intenta, más apasionadamente que nunca, dirigir el mundo como si Dios nunca se hubiese hecho hombre. Pero procuremos mirar más detenidamente por detrás de los aspavientos, tan pagados de sí mismos, de la política mundial, para descubrir el sentido oculto del actual desarrollo del mundo. Por encima del ruido de las palabrerías de los caudillos de las potencias mundiales, impera, esperando con paciencia, el poder majestuoso del Señor de toda la historia. Dentro de los laboratorios de los técnicos atómicos está, como un espíritu silencioso, el creador de los átomos, la palabra hecha hombre. Cristo es el Rey porque tiene todo en su mano y dirige las órbitas de las estrellas y los movimientos de la luna, para que pueda dar con él el espíritu calculador de los hombres. Él es quien dirige la confusa historia a un fin que llamamos juicio final. Por eso, amigos míos, elevemos el rostro, como los caballeros, cuando la lucha se inclina a la victoria: viene el día («un poco de tiempo aún», dijo el Señor casi hace dos mil años) en que Cristo volverá a aparecer a todos los hombres como hombre, a todos los pueblos, desde los campos petrolíferos de Persia hasta las secretas cancillerías del Kremlin y hasta la Casa de Cristal de la paz universal que se busca fuera de Cristo. Entonces se verá claro que el tiempo en el que Cristo parecía ser el rey depuesto, solamente fue el momento fugaz en que él, con paciencia incomprensible, como un rey con manto ensangrentado, miraba cómo los hombres pretendían edificar la torre de Babel de su paz sin él, para que se cumpla su palabra: Sin mí no podréis hacer nada.

Los hombres que hayan comprendido esto y seguido a su Rey, son caballeros. Le siguen, con el esfuerzo de su cabalgada, a través de la historia universal: esto es la llamada al estado de caballero. La misión de vuestra asociación será formar tales jóvenes. Vamos a poner punto final a esta hora solemne, a esta hora de los caballeros fieles y verdaderos de Cristo, a esta hora de un fiel seguimiento a Cristo, valiente, verdadero, entusiasta y paciente, diciendo lo que, en el bautismo, decían los cristianos primitivos:

«Entro en tus filas, oh Cristo».

BIBLIOGRAFÍA

Bibliografía de los libros y artículos más destacados del P. Hugo Rahner[136]

RAHNER, Hugo (1931): «De Dominici pectoris fonte potavit», *ZKTh*, 55: 103-108.

— (1931):«Pompa diaboli. Ein Beitrag zur Bedeutungsgeschichte des Wortes Πομπή – pompa in der urchristlichen Taufliturgie», *ZKTh*, 55: 239-273.

— (1932): «Taufe und geistliches Leben bei Origenes», *ZAM*, 7: 205-223.

— (1932): «Die Weide als Symbol der Keuschheit in der Antike und im Christentum», *ZKTh*, 56: 231-253.

— (1932): «Kongregation und Gemeinschaftsmesse», *Unsere Fahne*, 23: 30-40.

— (1933): «Der königliche Weg des Kreuzes», *ZAM*, 8:73-76.

— (1933): «Fürstabt Martin Gerbert und die Jesuiten», *ZKTh*, 57: 430-442.

---

[136] La bibliografía completa está en Neufeld, K. H (2000): «Hugo Rahner Schriftum», *ZKTh*, 123: 114-156. He omitido las recensiones, las múltiples ediciones de algunos libros, así como los artículos más breves. También las traducciones en distintas lenguas.

— (1934): «Juda und Rom. Ein Schlagwort und seine geschichtliche Begründung», *StZ*, 128: 169-182.

— (1935): *Die gefälschten Papstbriefe aus dem Nachlaß von Jérôme Vigneir*, Friburgo de Brisgovia, Herder.

— (1935): «Die Grundlegung der abendländischen Kulturgemeinschaft durch die Kirche», en *Die fünften Salzburger Hochschulwochen* (Salzburgo), 93-104.

— (1935): «Die Gottesburt. Die Lehre der Kirchenväter von der Geburt Christi im Herzen der Gläubigen», *ZKTh*, 59: 333-418.

— (1935): «Hyppolit von Rom als Zeuge für den Ausdruck Theotokos», *ZKTh*, 59: 73-81.

— (1935): «Die Vision des hl. Ignatius in der Kapelle von La Storta», ZAM, 10: 17-35; 124-139; 202-220; 265-282.

— (1935): «Vom Montmartre nach Sankt Paul. – Über die Gnade des Gebetes in der Gesellschaft Jesu», *Mitteilungen aus den deutschen Provinzen SJ*, 13: 389-398; 399-411.

— (1935): «Die Kirche aus dem Herzen Jesu», *KCC*, 69: 98-103.

— (1936): «Probleme der Hyppolytüberlieferung», *ZKTh*, 60: 577-590.

— (1936): «Die Christologie der alten Kirche im Licht heutiger Fragen», *Theologie der Zeit*, 1: 165-176.

— (1936): «Szent Ignác misztikája es Magyar Katolikus Egyház», *Magyar Kultúra*, 23: 139-141.

— (1936): «Woher stammt der Name Ignatius?», *Mitteilungen aus den deutschen Provinzen SJ*, 14: 13-18.

— (1936):«Ignatius und Deutchland», *Kirchenanzeiger St. Michael in München* 7, Nr. 32: 147-149.

— (1937): *Die aszetischen Schriften in den Monumenta historica Societatis Jesu* (Innsbruck).

— (1937): «Dialektik der Papstgeschichte», *ZKTh*, 61: 99-104.

— (1937): «Papst- und Kirchengeschichtliche Dialektik», *ZKTh*, 61: 275-278.

— (1937): «1537. Das Jahr der Priesterweihe des hl. Ignatius», *Mitteilungen aus den deutschen Provinzen SJ*, 14: 133-140.

— (1937): «Fiedrich der Große und die Jesuiten», *Mitteilungen aus den deutschen Provinzen SJ*, 14: 151-153.

— (1937): «Vom Lebenssinn des katholischen Adels», *Jahrburch der Vereinigung katholischer Edelleute in Österreich*, 8: 107-111.

— (1938): «Theologie der Verkündigung. Zwölf Vorlesungen über kerygmatische Theologie. 1 Teil», *Theologie der Zeit. Theologische Beihefte zum*, 1: 1-71.

— (1938): «Ignatius und die Kirchenväter», *Mitteilungen aus den deutschen Provinzen SJ*, 14: 253-263.

— (1939): «Mysterium lunae. Beiträge zur Kirchentheologie der Väterzeit. 1. Die sterbende Kirche», *ZKTh*, 63: 311-349; 428-442.

— (1939): «Theologie des Barocken. Zur Ausstellung der Kunstewerke des Madrider Prado in Genf», *StZ*, 137: 82-88.

— (1940): «Mysterium lunae. 2.Die gebärende Kirche. 3. Die strahlende Kirche», *ZKTh*, 64: 61-80; 121-131.

— (1940): «Ökumenische Reformationgeschischte. Zur Reformationsgeschichte von Joseph Lortz», *StZ*,137: 301-304.

— (1941): «Antenna Crucis. 1. Odysseus am Mastbaum», *ZKTh*, 65: 123-152.

— (1941): «Flumina de ventre Christi. Die patristiche Auslegung von Joh. 7, 37», *Biblica*, 22: 269-302; 367-403.

— (1941): «Íñigo López de Loyola. Ein Überblick uber die neueste Ignatiusliteratur», *StZ*, 138: 94-100.

— (1941): «Kritik an Lortz», *Schweizerische Rundschauk*, 40: 658-663.

—(1941):«Von Montserrat nach Sankt Paul», *Maria Einsiedeln. Benediktinische Monatsschrift*, 46: 493-496.

—(1942): *Ignatius von Loyola, Geistliche Briefe, Einsiedeln-Colonia* (Verlagsanstalt Benziger & Co).

—(1942): «Ignatius von Loyola und die aszetische Tradition der Kirchenväter», *ZAM*, 17: 61-77.

—(1942): «Antenna Crucis. 2. Das Meer der Welt. 3 Das Schiff aus Holz», *ZKTh*, 66: 89-118; 196-227.

—(1942): «Politische Weisheit vor hundert Jahren. Unedierte Briefe des Fürsten Metternich», *Schweizerische Rundschau*, 42: 3-18.

—(1943): «Papsttum und Kirchenfreiheit», *Schweizerische Kirchenzeitung*, 111: 327-329; 339-341.

—(1943): «Dulcis libertas. Staat und Kirche in alten Christentum», *Schweizerische Rundschau*, 43: 59-69.

—(1943): «Antenna Crucis. 3, 3. Schiff aus Holz und Kreuzesholz», *ZKTh*, 67: 1-21.

—(1943): «Ströme fließen aus seinem Leib», *ZAM*, 18: 141-149.

—(1943): «Gespräch mit einer Totenmaske», *Christlicher Kultur. Beilage zu den Neuen Züricher Nachrichten.*

—(1944): «Das christliche Mysterium von Sonne und Mond», *ErJb*: 306-404.

—(1945): «Das christliche Mysterium und die heidnischen Mythen», *ErJb*: 347-449.

—(1945): «Archetypus. Zum 70. Geburtstag von C.G. Jung», *Christlicher Kultur. Beilange zu den Neunen Züricher Nachrichten.*

—(1945): «Neue Wege der antiken Missionsgeschichte. Nachruf auf F. J. Dölger», *Neue Zeitschrift für Missionswissenschaft*, 1: 12-23.

—(1945): «Christlicher Humanismus und Theologie. Rede

zur Wiedereröffnung der Theologischen Fakultät Innsbruck», *KCC*, 79: 74-84.

— (1946): «Christlicher Humanismus als Riefe», *GrEnt*: 1-3.

— (1946): «Erdgeist und Himmelsgeist in der patristichen Theologie», *ErJb*: 238- 276.

— (1946): *Werte katholischer Geschichtstheologie* (Jahrbuch der internationalen Hochschulwochen des Österreichischen College, Salzburgo).

— (1946): «Ignatius der Beichtvater», *Anima*, I: 375-384.

— (1946): «Epiphaneia. Betrachtungen zur Gestaltung des geistlichen Lebens. Die Epiphanie von Kana und die Taufe», *GlDei*, 34-51: 100-108.

— (1947): «Petrus Canisius als Apologet», *Orien*, 11: 61-63.

— (1947): «Die Grabschrift des Loyola», *StZ*, 139: 321-337.

— (1947): «Epiphaneia. Die Magier und der Gehorsam. – Hochzeit von Kana und die Keuschheit. – Die Magier und die Taufgnade», *GlDei*, 2: 71-86; 247-260; 345-357.

— (1947): «Antenna Crucis. 5. Navicula Petri. Zur Symbolgeschichte des römischen Primates», *ZKTh*, 69: 1-35.

— (1947): «Grundzüge katholischer Geschichtstheologie», *StZ*, 140: 408-427.

— (1947): «Vom heiligen Singen», *Der alpenländische Kirchenkor*, 1: 3-5.

— (1947): «Wege zu einer "neuen" Theologie», *Orien*, 11: 213-217.

— (1948): «Das Menschenbild des Origenes», *ErJb*: 198-248.

— (1948): «Rumos de uma "Nova Teologia"?», *Revista da Faculdade de Filosofia. Ciencias e Letras Manuel da Lóbrega*, 1, 2: 3-19.

— (1948): «La Théologie catholique de l'Histoire», *Dieu vivant*, 10: 91-115.

— (1948): «Große Exerzitien», *GrEnt*, 3: 145-147.

—(1948): «Liebe in den Exerzitien», *Orien*, 12: 129-132.

—(1948): «Kommunismus der Kirchenväter», *Schweizerische Rundschau*, 48: 78-88.

—(1948): «Τὸ μυστήριον του Σταυρου», *Orthodoxia*: 196-209.

—(1949): «Das göttliche Kinderspiel», *WuW*, 4: 1-11.

—(1949): «Noch ein neues Dogma. Das neue Wort über Maria. 1. Assumptio. - 2. Mediatrix. - 3. Corredemptrix», *Orien*, 13: 13-15; 25-27; 41-43.

—(1949): «Maria und die Kirche. Maria als Vorbild und Inbegriff der Kirche. – Inmaculata. – Die immerwährende Jungfrau», *GrEnt*, 5: 3-7; 35-37; 67-70.

—(1949): «Geburt aus dem Herzen», *GlDei*, 4: 89-99.

—(1950): «Maria und die Kirche. Gottesgebärerin. – Mutter der Gläubingen. – Maria am Taufbrunnen. – Wachstum des Herzens. – Das starke Weib. – Geist und Herz. – Die apokalyptische Frau. – Himmelfahrt», *GrEnt*, 5: 99-103; 131-135; 163-166; 195-199; 227-230; 259-262; 292-296; 355-358.

—(1950): «Hemmschuh des Fortschritts. Zur Enzyklika "Humani generis"», *StZ*, 147: 161-171.

—(1950): «Das neue Dogma und unser Priestertum», *Diözesanpriester*, 2: 131-139.

—(1950): «Vom ersten bis zum dritten Rom», *KCC*, 84: 1-8.

—(1950): «Die freie und reine Kirche», *KCC*, 84: 67-71.

—(1951): «Ignatius von Loyola und sein geistlicher Briefwechsel mit Frauen», *GuL*, 2: 176-196; 257-274.

—(1951): «Qui corde fundis gratiam», *KCC*, 85: 1-6.

—(1951): «Maria – Inbegriff der Kirche», *Virgo Mater*, 21: 4-7.

—(1952): «Die geistesgeschichtliche Bedeutung der Marianischen Kongregation», *GrEnt*: 108-111; 177-179; 214-216; 245-248.

—(1952): «Francisco und sein Meister», *StZ*, 151: 161-172.

— (1952): «Einige Thesen zur biblischen Begründung der Herz-Jesu-Verehrung», *GlDei*, 7: 88-95.

— (1953): «Antenna Crucis. 4. Das Kreuz als Mastbaum und Antenne. 5, Das mystische Tau», *ZKTh*, 75: 129-173. 385-410.

— (1953): «Wissen und Leben. Die Ideale der altchristlichen Hochschule von Alexandrien», *Katholischer Universitätsverein Salzburg. Mitteilungen NF 1*, 3: 13-20.

— (1954): «Der Geburstag des Augustinus», *StZ*, 154: 321-328.

— (1954): «Der Letztgeborene einer baskischen Adelsfamilie», *Jesuiten*, 1: 6-8.

— (1954): «Suscipe», *KCC*, 88: 73-78.

— (1954): «Christliche Antike 2. Forschungsbericht», *AAW*, 7: 193-206.

— (1954): «Eutrapelie, eine vergessene Tugend», *GuL*, 27: 346-353.

— (1955): «Ignatius von Loyola und Deutschland im Jahre 1555-1556», *StZ*, 156: 241-251.

— (1955): «Weihnachtsgeheimnis und Politik», *Austrier Blätter*, 23: 29-32.

— (1956): «Werdet kundige Geldwechsler. Zur Geschichte der Lehre des hl. Ignatius von der Unterscheidung der Geister», *Gr*, 37: 444-483.

— (1956): «Ignatius von Loyola», *KCC*, 90: 146-156.

— (1956): «Der Geist des hl. Ignatius und die Verehrung des Herzens Jesu», *KCC*, 90: 17-24.

— (1956): «Benedixit, fregit deditque», *KCC*, 90: 90-95.

— (1956): «Ignatius und sein Germanikum», *Korrespondenzblatt für die Alumnen des Collegium Germanicum-Hungaricum*, 63: 3-25.

— (1956): «Die Sehnsucht des hl. Ignatius nach dem Größeren», *Sodalenbrief der Marianischen Kongregation*, 9: 97-101.

— (1956): «Ignatius und die Bekehrung der Doña Isabel Briceño», *AHSI*, 25: 3-22.

— (1956): «Ignatius von Loyola und das Priestertum», *ORPB*, 57: 193-198.

— (1956): «Der Kranke Ignatius», *StZ*, 158: 81-90.

— (1956): «Der Tod des Ignatius», *StZ*, 158: 241-254.

— (1956): «Die Kirche. Gottes Kraft in unserer Schwachheit», *GrEnt*, 12: 99-102.

— (1957): «Antenna Crucis. 6. Der Schiffbruch und die Planke des Heils», *ZKTh*, 79: 129-169.

— (1957): «Die Anwendung der Sinne in der Betrachtungs-methode des hl. Ignatius von Loyola», *ZKTh*, 79: 434-456.

— (1957): «Patristisch-ikonographische Probleme der Darstel-lung des Gekreuzigten. Zu A. Grillmeier, Der Logos am Kreuz», *Scholastik*, 32: 410-416.

— (1957): «Ignatiusforschung im Gedenkjahr 1956», *GuL*, 29: 140-149.

— (1958): «Geist und Kirche. Ein Kapitel aus der Theologie des hl. Ignatius von Loyola», *GuL*, 31: 117-131.

— (1958): «Das christliche Geschichtsbild. Persönlichkeit und Geschichte», en *Unsere Sorge der Mensch – Unsere Heil der Herr* (Berlin): 113-123; 125-131.

— (1958): «Die Geschichte eines Jahrunderts. Zum Jubiläum der Theologischen Fakultät der Universität Innsbruck», *ZKTh*, 80: 1-65.

— (1958): «Der Tod Karls V», *StZ*,162: 401-413.

— (1958): «Ignatius der Theologe», en *Der beständige Auf-bruch*, ed. E. Przywara S. Behn, (Nurenberg), 216-237.

— (1958): «Christliche Verantwortung des Lainen für die Kul-tur», *Anima*, 14: 126-135.

— (1960): «Maria und die Kirche», *ORPB*, 61: 289-298.

— (1960): «Krippe und Kreuz», *GuL*, 33: 401-404.

— (1960): «Die Andacht zum hl. Herzen in der ersten Gesellschaft Jesu», *KCC*, 94: 21-26.

— (1961): «Konstantinische Wende? Eine Reflexion über Kirchengeschichte und Kirchenzukunft», *StZ*,167: 419- 428.

— (1962): «Zur Christologie der Exerzitien», *GuL*, 35: 115-140.

— (1962): «Christliche Bilanz an der Schwelle zum Neuen Jahr», *GuL*: 405-409.

— (1964): «Antenna Crucis. 7. Die Arche Noe als Schiff des Heils», *ZKTh*, 86: 137-179.

— (1966): *Abendland. Reden und Aufsätze*, Friburgo de Brisgovia.

1. Fuentes

1.1. Libros de Hugo Rahner

RAHNER, Hugo (1942): *Ignatius von Loyola*, Geistliche Briefe, Einsiedeln.

— (1956): *Ignatius von Loyola*, Briefwechsel mit Frauen, Friburgo, Herder.

— (1956): *Ignacio de Loyola*, Bilbao, Descleé de Brouwer.

— (1964): *Ignatius von Loyola als Mensch und Theologe*, Friburgo, Herder, [trad. esp. no completa en RAHNER, Hugo (2019): *Ignacio de Loyola. El hombre y el teólogo*, Bilbao-Madrid, Mensajero-Sal Terrae-Universidad Pontificia de Comillas].

— (1964): *Symbole der Kirche*, Die Ekklesiologie der Väter, Salzburgo, [en preparación edición española en Fundación Universitaria Española].

— (1968): *Humanismo y teología de Occidente*, Salamanca, Sígueme.

— (1979): *The Vision of St. Ignatius in the chapel of la Storta*, Roma, CIS.

— (1982): *Ignatius: the man and the priest*, Roma, CIS.

— (1990): *Ignatius the Theologian*, San Francisco, Ignatius.

— (2003): *Mitos griegos en interpretación cristiana*, Barcelona, Herder.

— (2004): *Iglesia y Estado en la primitiva Iglesia: documentación de los primeros ocho siglos y su comentario*, Valencia, Edicep.

— (2007): *St. Ignatius Loyola. Letters to women*, Nueva York, Herder.

— (2019): *Una teología del anuncio. Doce lecciones sobre teología kerigmática*, Madrid, BAC.

— (2021): «Ignacio de Loyola y la génesis histórica de su espiritualidad», en *Escritos ignacianos*, (Madrid, Didaskalos), 25-149.

— (2021): «Notas para el estudio de los Ejercicios», en *Escritos ignacianos*, (Madrid, Didaskalos), 153-258.

— (2021): *Escritos ignacianos*, Madrid, Didáskalos, [incluye *Ignacio de Loyola y la génesis histórica de su espiritualidad* y *Notas para el estudio de los Ejercicios*].

1.2. Artículos de Hugo Rahner

RAHNER, Hugo (1940), «Deus semper Maior», ZKTh, 64, 171-173.

— (1963): «Ignatius von Loyola», *LThK*, V: 613-615.

— (1964): *Ignatius von Loyola als Mensch und Theologe*, Friburgo, Herder, [los artículos 1 y 7 se editan por primera vez en este recopilatorio].

— (1979): «Sentido teológico de la obediencia en la Compañía de Jesús», *CIS*, 10: 89-191.

2. Estudios

2.1. Libros

AA.VV. (1986): *Concilio Ecuménico Vaticano II. Constituciones. Decretos. Declaraciones*, Madrid, BAC.

AA.VV. (1971): *Mysterium Salutis. Manual de teología como historia de la salvación*, Madrid, Cristiandad.

AA.VV. (1980): *I Misteri della vita di Cristo negli Ezercizi Ignaziani*, Roma, CIS.

AA.VV. (1982): *Gli Esercizi Ignaziani e la Bibbia*, Roma, CIS.

AA.VV. (1982): *Confirmación y desarrollo del culto al Corazón de Cristo*, Madrid, Edapor.

AA.VV. (2001): *Diccionario Histórico de la Compañía de Jesús*, Madrid, Universidad Pontificia de Comillas.

AA.VV. (1975): *Ejercicios y Constituciones: unidad vital*, Bilbao, Mensajero.

AA.VV. (2008): *Introducción a la teología de Benedicto XVI*, L. Jiménez (ed.), Madrid, Fundación Universitaria Española.

AA.VV. (1970): *Tendencias de la teología en el siglo XX. Una Historia en semblanzas*, H. J. Schultz (ed.), Madrid, Studium.

ARNAU, R. (2001): *Tratado general de los sacramentos*, Madrid, BAC.

ARZUBIALDE, S. (1991): *Ejercicios Espirituales de San Ignacio. Historia y análisis*, Bilbao-Santander, Mensajero - Sal Terrae.

BALTHASAR, H-U. von (1964): *Ensayos teológicos*, Madrid, Guadarrama.

CORETH, E. (ed.) (1994): *Filosofía cristiana en el pensamiento católico de los siglos XIX y XX*, Madrid, Encuentro.

DANIÉLOU, J. (2002): *Mensaje evangélico y cultura helenística. Siglos II y II*, Madrid, Cristiandad.

FESSARD, G. (1956): *La dialectique des Exercises spirituels*, París, Cerf, [trad. esp.: FESSARD, G. (2010): *La dialéctica de los Ejercicios Espirituales de san Ignacio de Loyola*, Bilbao, Mensajero].

GARCÍA MATEO, R. (2002): *El misterio de la vida de Cristo en los Ejercicios ignacianos y en la «Vita Christi Cartujano»*, Madrid, BAC.

GARCÍA-VILLOSLADA, R. (1986): *San Ignacio de Loyola*, Madrid, BAC.

GILMONT, J.-F. – P. Daman, (1958): *Bibliographie Ignatienne 1894-1957*, [Prefacio de Hugo Rahner], París-Lovaina, Desclée de Brouwer.

GONZÁLEZ, M. M. (1986): *La espiritualidad ignaciana: ensayo de síntesis*, Roma, CIS.

GRANERO, J. M. (1987*): Espiritualidad ignaciana*, Madrid, Casa de Escritores.

GUARDINI, R. (1996): *El contraste. Ensayo de una filosofía de lo viviente-concreto*, Madrid, BAC.

Guibert, J. de (1955): *La espiritualidad de la Compañía de Jesús,* Santander, Sal Terrae.

GUIBERT, J. de (1950): *Saint Ignace mystique*, Tolosa

HÖLDERLIN, F. (1987): *Hiperion o el eremita en Grecia*, Madrid, Libros Hiparión.

IGNACIO DE LOYOLA, San (1997): *Obras completas*, Madrid, BAC.

IGNATIUS VON LOYOLA, Hl. (1961): *Das Geistliche Tagebuch*, A. Haas - P. Knauer (eds.), Friburgo, Herder.

IGNAZIO DI LOYOLA, Sant, (1998): *Esercizi Spirituali. Testi complementari*, H. Alphonso (ed.), Roma, Edizioni ADP.

IGNAZIO DI LOYOLA, Sant (2004): *Esercizi Spirituali e Magistero*, P. Schiavone (ed.), Roma, San Paolo.

IPARRAGUIRRE, I. (1958): *Espíritu de San Ignacio de Loyola*, Bilbao, El mensajero del Corazón de Jesús.

IPARRAGUIRRE, I. – M. Ruiz Jurado (1965, 1977, 1990): *Orientaciones bibliográficas sobre San Ignacio de Loyola*, Roma, IHSI.

LÉCRIVAIN, Ph. (2018): *París en tiempos de Ignacio de Loyola (1528-1535)*, Bilbao, Mensajero.

LETURIA, P. (1941): *El gentilhombre Iñigo López de Loyola*, Barcelona, Labor.

— (1957): *Estudios Ignacianos*, Roma, IHSI.

MARSCHER, T. - Ch. Ohly (eds.), (2007): *Spes Nostra Firma. Festschrift für Joachim Kardinal Meisner zum 75*, Geburstag, Colonia

MARTÍNEZ CAMINO, J. A. (2006): *El Dios Visible. Deus caritas est y la teología de Joseph Ratzinger*, Madrid, Facultad de Teología San Dámaso.

NEUFELD, K. (1994) *Die Brüder Rahner. Eine Biographie*, Friburgo-Basilea-Viena, Herder.

NICOLÁU, M. (1969): *Teología del signo sacramental*, Madrid, BAC.

PRZYWARA, E. (1962): *Analogia Entis*, Einsiedeln, Johannes-Verlag.

— (1938-1940): *Deus Semper Maior*, Friburgo, Herder.

— (1962): *Teologúmeno español*, Madrid, Guadarrama.

RAHNER, K. (1961): *Escritos de Teología, III*, Madrid, Taurus.

— (1963): *Escritos de Teología, IV*, Madrid, Taurus.

— (1963): *Lo dinámico en la Iglesia*, Barcelona, Herder.

— (1967): *Ser cristiano*, Salamanca, Sígueme.

— (1971): *Meditaciones sobre los Ejercicios de San Ignacio*, Barcelona, Herder.

RATZINGER, J. (2005): *Introducción al cristianismo*, Salamanca, Sígueme.

— (2007): *Miremos al traspasado*, Rafaela, Fundación San Juan.

RENDINA, S. (1999): *L´itinerario degli Ezercizi Spirituali*, Roma Edizioni, ADP.

ROSENBERG, A., H. (1970): *Tendencias de la teología en el siglo XX. Una historia en semblanzas, Hugo Rahner*, Madrid, Studium.

SCHEEBEN, M. J. (1957): *Los misterios del cristianismo*, Barcelona, Herder.

SCHURHAMMER, G. (1992): *Francisco Javier. Su vida y su tiempo, I*, Pamplona, Gobierno de Navarra-Compañía de Jesús-Arzobispado de Pamplona

STANLEY, D. M., (1969): *Moderno enfoque bíblico de los Ejercicios Espirituales*, Madrid, Apostolado de la Prensa.

STIERLI, J. (ed.), (1958): *Cor Salvatoris*, Barcelona, Herder.

SUÁREZ, F. (2003): *Los ejercicios espirituales. Una defensa*, Introducción, comentarios y notas de Joseph Giménez Melià, Bilbao-Santander, Ed. Mensajero-Sal Terrae.

VEERMEERSCH, A. (1946): *Miles Christi Iesu*, Buenos Aires.

VOGT, P. (1914) *Die Exerzitien des hl. Ignatius, ausfürlich dargelegt in Aussprüchen der Kirchenväter*, Ratisbona

2.2. Artículos y colaboraciones

CALASANZ, J. (1942): «Deus semper mayor», *Manresa*, 14: 181-183.

CALVERAS, J. (1952): «Hugo Rahner», *Manresa*, 24: 1422.

CERVERA, P. (1987): «El rey eterno: dinámica interna y teología», *Manresa*, 59: 149-159.

DANIÉLOU, J. (1961): «Hugo Rahner dem Sechzigjährigen», en *Sentire Ecclesiam*, ed. J. Daniélou – H. Vorgrimler (Friburgo-Basilea-Viena, Herder).

GÓMEZ NOGALES, S. (1952): «Cristocentrismo en la teleología de los Ejercicios», *Manresa*, 24: 33-52.

GRANERO, J. (1957): «Hugo Rahner», *Manresa*, 29, 159-161.

— (1957): «Vino viejo en odres nuevos. San Ignacio y Hegel», *Manresa*, 29: 311-320

HAAS, A. (1953): «Die Mystik des hl Ignatius nach seinem geistlichen Tagebuch», *GuL*, 26: 123-135

HAAS - P. KNAUER, (1961) «Ignatius von Loyola, Das Geistliche Tagebuch», Friburgo, Herder.

LYONNET, S. (1956): «La méditation des deux Étendards et son fondement scripturaire», *Chr*, 12, 435-456

MARTELET, G. (1956): «La dialectique des Exercices», *Nouvelle Revue théologique*, 78: 1060.

MENDIZÁBAL, L. Mª (1964): «Riqueza eclesial y teológica de la obediencia religiosa»: *Manresa*, 36: 283-302.

— (1964): «El "hecho eclesiástico" de la obediencia ignaciana»: *Manresa*, 36: 403-420.

— (1965): «Sentido íntimo de la obediencia ignaciana», *Manresa*, 37: 53-76.

— (1965): «Naturaleza del orden de subordinación primariamente pretendido por San Ignacio», *Manresa*, 37: 111-140.

NEUFELD, K.H. (2000): «Hugo Rahner Schriftum», *ZKTh*, 123: 114-156.

POZO, C. (1990): «San Ignacio de Loyola y la teología», *Archivo Teológico Granadino*, 53: 5-47.

PRZYWARA, E. (1939): «Vom Sinn der Demut», *SktZ*, 137: 120-124.

SOLANO, J. (1956): «Fundamentos neotestamentarios y dogmáticos de la espiritualidad ignaciana», *Manresa*, 28: 123-134.

— (1956): «Jesucristo bajo las denominaciones divinas en San Ignacio», *EstEcl*, 30: 325-342.

RAMBALDI, G. (1956): «Temas cristológicos en el pensamiento ignaciano», *Manresa*, 28: 105-120.

TAMINIAUX, J. (1967): «Hölderlin à Jena», Kairos, Revue de la Faculté de Philosophie de Toulouse.

TOURNIER, F. (1910) «Les Deux Cités dans la littérature chrétienne», *Etudes*, 123: 644-665